APRENDER IDIOMAS

Joaquim Camps

Directora de colección
Mercè Romans

Títulos publicados:

1. F. Beltri - Aprender a negociar
2. E. Ronco y E. Lladó - Aprender a gestionar el cambio
3. J. M. Martínez Selva - Aprender a comunicarse en público
4. G. Sanz - Aprender a redactar notas
5. F. Gallego - Aprender a generar ideas
6. P. Martínez Escribá - Aprender a vender
7. R. Goberna - Aprender a liderar equipos
8. J. López e I. Leal - Aprender a planificar la formación
9. C. Golanó y R. Flores-Guerrero - Aprender a redactar documentos empresariales
10. Lluís Casado - Aprender a organizar el tiempo
11. Carmen Muñoz - Aprender idiomas

APRENDER IDIOMAS

Carmen Muñoz

PAIDÓS

Barcelona
Buenos Aires
México

Cubierta de Ferran Cartes
Montse Plass

© 2002 de todas las ediciones en castellano,
   Ediciones Paidós Ibérica, S.A.
   Mariano Cubí, 92 - 08021 Barcelona
   y Editorial Paidós, SAICF,
   Defensa, 599 - Buenos Aires
   http://www.paidos.com

ISBN: 84-493-1295-7
Depósito legal: B-35.661/2002

Impreso en Novagràfik, S.L.
Vivaldi, 5 - 08110 Montcada i Reixac (Barcelona)

Impreso en España - Printed in Spain

SUMARIO

PRÓLOGO

Quiero advertirles, antes de que sea demasiado tarde, de que Carmen Muñoz ha elegido la peor prologuista para este libro. No es una gracia, lo digo con sinceridad, y también creo que por eso me ha escogido, porque muchos de los lectores de este interesante estudio podrán identificarse conmigo. Soy una de esas personas que no prestó mucha atención a las clases de idiomas en su momento, es decir, cuando estaba en el colegio; en realidad, prestaba poca atención en general pero el inglés y el francés siempre los viví con especial aburrimiento. Luego vino esa edad adulta en la que uno desea recuperar el tiempo perdido y lo único que hace es pagar academias a las que pronto deja de asistir y pasar de unos sistemas de aprendizaje a otros sin apostar firmemente por ninguno.

Podría escribir un libro con todos mis intentos frustrados de hablar bien inglés; en esos intentos estarían incluidos mi falta de perseverancia, mi escasa afición al estudio, la idea de que el inglés se puede aprender paseando y comprando en las tiendas de Nueva York o, lo más patético de todo, cómo a veces mis profesores no me han enseñado nada de inglés mientras que yo, en cambio, sí les he enseñado a hablar español. En definitiva, lo que echo de menos de no saber idiomas es no poder hablar fluidamente con la gente de ciudades que me gustan tanto. Podría pasar sin leer un libro en el idioma original —aunque parezca una barbaridad lo que estoy diciendo— pero me cuesta mucho no poder comprender la esencia de las personas de otros lugares, y la esencia, desde luego, está en el habla.

He encontrado en este libro de Carmen Muñoz muchas cosas con las que me identifico y, en realidad, creo que soy la persona de la que ella está hablando en muchas ocasiones. De esto podría extraer una conclusión: mal de muchos consuelo de tontos. No obstante, no me conformo. Deseo con todas mis fuerzas hablar un día inglés, incluso francés. Deseo quitarme ese complejo y esa cara de idiota que se me queda en tantos sitios cuando no sé qué responder, una cara que me devuelve directamente a la vergüenza escolar, cuando no me sabía la pregunta que la profesora me formulaba. Y eso ocurría tantas veces... Pero aun siendo torpe y vaga —los peores defectos para el aprendiz de idiomas— lo seguiré intentando. Soy optimista y eso, digo yo, servirá para algo.

ELVIRA LINDO

INTRODUCCIÓN

Bien, ésta es la primera página. Espero que el lector encuentre entre las hojas de este libro alguna de las cosas que busca, aunque siempre es difícil satisfacer las diferentes expectativas de todos los lectores. ¿Cuál es su motivación para haber adquirido este ejemplar? ¿Se le resiste aprender un idioma? Tranquilo, no es el único. Es posible que lo haya intentado en más de una ocasión y siga sin tener éxito. Puede que incluso haya pensado en algún momento que no sirve para los idiomas. ¿Es usted un fenómeno políglota? Quizá se reconocerá en alguna de estas páginas. ¿Tiene que llevar a su hijo de corta edad a una guardería y se pregunta si debe escoger una en la que enseñen inglés? De estos temas y más trata este libro. Todas las personas que nos dedicamos al estudio de la adquisición de lenguas somos constantemente objeto de las mismas preguntas y estas páginas intentan contestar los interrogantes que reiteradamente se presentan en nuestras conversaciones.

Pero vayamos por un momento al fondo de la cuestión esencial. ¿Sabemos de forma cierta qué implica aprender a hablar?

La capacidad humana del lenguaje es uno de esos misterios que han apasionado y siguen apasionando a los científicos y pensadores. Casi nadie pone en duda hoy en día que se trata de una capacidad innata del ser humano. Sin embargo, pocos se ponen de acuerdo en delimitar exactamente «lo que es innato», aunque podemos estar seguros de una cosa: sea lo que sea, para que sirva igual a una niña que nazca en Honolulú y a un niño que nazca en la sabana africana, ha de ser común a todas las lenguas del mundo. Pero a partir de ahí todos los niños y niñas del mundo nacen en familias distintas o en momentos de la vida de esas familias diferentes, con unos entornos socioeconómicos y culturales distintos entre sí. Todos los niños y niñas del mundo también nacen con una inteligencia parcialmente determinada por sus genes y moldeada por el entorno. Y con unos rasgos de personalidad que serán igualmente moldeados por sus relaciones con el microcosmos en que aprenderán a hablar y a vivir.

Lo anterior puede empezar a darnos una idea del tipo de complejidad con que nos enfrentamos en el estudio de la adquisición del lenguaje. Pero, como puede ser fácilmente constatado, todos los niños y niñas del mundo, salvo penosas excepciones clínicas, aprenden su lengua materna sin grandes problemas. Pensemos ahora en el aprendizaje de una segunda lengua y los factores que pueden determinar su éxito o fracaso. Porque ésta es la primera y más importante diferencia entre uno y otro aprendizaje: no todas las personas tienen igual éxito en el aprendizaje de un idioma. Unos tienen mucho o bastante éxito, otros no pasan de la mediocridad y muchos otros abandonan. Si los factores que de una u otra manera tienen un impacto en el aprendizaje de la lengua materna son tan variados y complejos, cuánto más lo serán los factores que influyen en el aprendizaje de una segunda lengua.

Este librito no se propone, evidentemente, revelar las respuestas a los grandes misterios con que nos enfrentamos también en el estudio de cómo se adquieren las segundas lenguas. Bien al contrario, pretende salir de las paredes en las que se discuten estas apasionantes pero sesudas cuestiones para intentar dar respuesta a preguntas más comunes entre las personas adultas y jóvenes de hoy en día: ¿puedo aprender un idioma?, ¿cómo puedo aprenderlo mejor?, ¿en qué momento?, ¿en qué lugar y con qué ayudas?

¿Existe una aptitud para los idiomas? Si sigue leyendo, encontrará la respuesta en el primer capítulo, en el que se abordará esta cuestión. Veremos las habilidades necesarias, el tipo de motivación y de personalidad que se requiere, examinaremos los fracasos y sus tratamientos, y con un poco de suerte podré convencer al lector de que todos podemos aprender idiomas, incluso usted.

¿Cómo debe y no debe hacerse? ¿Métodos mágicos o estrategias eficaces? En el segundo capítulo el lector sabrá «cómo» se aprenden idiomas y se conocerá mejor en tanto que aprendiz de idiomas: sus preferencias perceptivas y el tipo de técnicas que utiliza. En este punto intentaré convencer al lector de la importancia de la práctica de un idioma y de la posibilidad de mejorar su eficacia.

¿Se me ha pasado la edad? Mitos y realidades en torno a la edad y su influencia en el aprendizaje de segundas lenguas serán debatidos en el tercer capítulo, que nos recordará el cuento de la tortuga y la liebre. Tras el «cuándo» examinaremos el «dónde»: los contextos en que se pueden aprender lenguas y sus características. Aquí mi principal objetivo será convencerle de que sí tiene la edad y de que tampoco valen excusas sobre disponibilidades de horario, dada la amplia gama de posibilidades de formación entre las que podemos escoger hoy en día.

Como quizá todavía no estén contestadas todas las cuestiones de los posibles lectores, a continuación se recogen 50 preguntas comunes, con sus respuestas más sensatas. Tras éstas sólo cabe, a modo de recordatorio, insistir en una docena de buenos consejos y recriminar al lector una docena de errores frecuentes. Todos juntos se encierran en dos: insista y no desista.

1
SOBRE LAS PERSONAS
QUE APRENDEN LENGUAS
SUS APTITUDES, PERSONALIDAD Y MOTIVACIÓN

SOMOS SERES PLURILINGÜES

> Aprender más de una lengua es un hecho natural,
> no una hazaña del ser humano.

De hecho, lo más normal en las distintas civilizaciones de nuestro mundo es que las personas hablen más de una lengua. Estimaciones sobre los usos lingüísticos reales de los habitantes de nuestro planeta —no siempre coincidentes con las cifras oficiales de los gobiernos— muestran que el número de personas bilingües o plurilingües es muy superior al de personas monolingües, y ello a pesar de que menos de un 25% de los aproximadamente doscientos países que existen en el mundo son oficialmente bilingües o plurilingües.

Una de las razones de este desajuste de cifras es que las lenguas no están igualmente distribuidas entre todos los países, ya que si algunos países africanos como Eritrea cuentan con nueve lenguas, muchos países europeos son oficialmente monolingües. Otra importante razón es el hecho de que no todas las lenguas del mundo cuentan por igual, es decir, que no todas tienen el mismo prestigio. Y cuando hablamos de prestigio o de estatus de las lenguas no nos referimos a sus características lingüísticas, pues para los lingüistas todas las lenguas tienen el mismo estatus: todas son manifestaciones extraordinariamente complejas de la capacidad humana del lenguaje. Por el contrario, nos referimos al prestigio social de sus hablantes y a su poderío socioeconómico. ¿Sabía que al final del siglo XX había en el mundo unas 6.500 lenguas y que se calcula que dos tercios de ellas se extinguirán en las próximas décadas? Hasta un 90% fallecerán o estarán moribundas porque no habrá niños que las aprendan en este siglo.

No es éste el caso de las lenguas de uso internacional, como el inglés o el español, que cada día ganan en número de hablantes. La vitalidad extrema la representa en estos momentos la lengua inglesa, hablada por millones de personas en todo el mundo más como segunda o tercera lengua, o como lengua extranjera, que como lengua materna. Es decir que el número de hablantes nativos del inglés es inferior al número de hablantes no nativos, que utilizan el inglés en contextos educativos o de comunicación internacional.

Si los países africanos representan un buen ejemplo de situaciones en las que se aprenden segundas lenguas sin necesidad de instrucción, a través de su uso social, los países europeos representan el extremo contrario, dado que muchos de sus habitantes suelen aprender lenguas extranjeras en la escuela, aun cuando las ocasiones de utilizarlas socialmente fuera del aula son escasas. Aunque las circunstancias en que unos y otros aprenden segundas lenguas son diferentes, los procesos mentales que siguen para conseguirlo no pueden ser muy distintos. La primera cuestión que nos plantearemos a continuación es, precisamente, la de la aptitud para aprender idiomas: ¿en qué consiste?, ¿es una habilidad innata?, ¿se puede hacer algo para mejorarla?

¿Existen personas con don de lenguas? Posiblemente todos conocemos alguna persona que parece tener un don especial, quizás una persona de la que nunca hubiéramos sospechado que era extranjera o un conocido que domina a la perfección varias lenguas.

Numerosos estudios han intentado descifrar, primero, si existe una aptitud especial para los idiomas y, segundo, en qué consiste esa habilidad. La respuesta a la primera pregunta parece ser claramente afirmativa. Existe una aptitud especial para aprender idiomas diferente de lo que podemos considerar inteligencia general. Es decir, ni todas las personas muy inteligentes tienen mucha capacidad para aprender idiomas, ni todas las personas que tienen gran facilidad para los idiomas son muy inteligentes. Eso no significa, claro está, que normalmente las personas de gran inteligencia no destaquen en esta habilidad como en todas.

Un ejemplo muy claro de esa posible disociación entre la inteligencia general y la aptitud para los idiomas la tenemos en el caso clínico conocido como *idiot savant*. Con este término se conoce a las personas con un trastorno tan acusado de la inteligencia que normalmente deben vivir en una institución clínica. Sin embargo estas personas son capaces de aprendizajes extraordinarios en campos como las matemáticas, las artes y la música. Con menor frecuencia se dan casos de este tipo de talento para los idiomas. Uno de estos casos, que ha merecido la atención de lingüistas, es el de un hombre británico de una treintena de años que puede comunicarse y realizar traducciones de un gran número de idiomas, entre los que se cuentan el alemán, el danés, el español, el finés, el francés, el galés, el griego moderno, el hindi, el holandés, el italiano, el noruego, el polaco, el portugués, el ruso, el sueco, el turco y algo de bereber. Además Christopher —que así se conoce a este genio para los idiomas— puede reconocer muchas lenguas más, como demostró al reconocer veintinueve de las cien lenguas en las que la palabra «gracias» aparecía escrita en una postal. Entre las lenguas reconocidas figuraban algunas tan distantes entre sí como el bengalí, el checo y el chino. Es también extraordinaria la manera en que ha aprendido estas lenguas: unas, a través de libritos introductorios del tipo «Aprenda el alemán en tres meses»; otras, a través de la interacción con hablantes nativos de la lengua en cuestión, y otras mediante clases. Los lingüistas que le han estudiado (y enseñado alguna de estas lenguas) afirman, sin embargo, que aunque Christopher tiene una facilidad inaudita para aprender el vocabulario y ciertas partes de la gramática, como las terminaciones verbales, la sintaxis que utiliza en todas las lenguas es la propia de su inglés nativo traducida a cada una de las otras lenguas.

Otros estudios se han centrado en personas con un gran talento que han conseguido un dominio perfecto o casi perfecto de un idioma, aun cuando han entrado en contacto con él en la edad adulta. Se ha aventurado que las personas con un talento extraordinario para los idiomas también pueden tener una organización neurológica algo distinta que comporte que muchas de ellas sean zurdas o con una organización cerebral bilateral. Incluso se ha llegado a sugerir que el talento para los idiomas va asociado a otras características de tipo más «esotérico» presentes en estas personas o sus familiares, como ser gemelas, tener problemas en otras áreas como las matemáticas o padecer alguna alergia. Pero no se preocupe si no cumple con estos requisitos, porque ninguna de estas características ha sido relacionada científicamente con el talento para los idiomas. En cambio, sí que se ha constatado la presencia de ciertas habilidades, como una gran memoria asociativa, un rápido dominio de nuevos códigos y un buen oído para las claves fonéticas, habilidades que también definen la aptitud «normal» para los idiomas.

Los componentes de la aptitud

Casos excepcionales aparte, una buena aptitud para los idiomas parece derivarse de un conjunto de habilidades entre las que destacan la habilidad para memorizar elementos y asociaciones, la habilidad para descubrir regularidades y relaciones entre las palabras o para analizar la lengua gramaticalmente, y la habilidad para codificar los sonidos. Cada una de estas habilidades puede estar presente en mayor o menor grado en las distintas personas y puede determinar la facilidad y rapidez del aprendizaje de un idioma.

¿Siente curiosidad por conocer sus propias habilidades? ¿Quiere hacer una prueba? Le propongo un par de ejercicios muy similares a algunos de los que tendría que realizar si le pasaran un test de aptitud para los idiomas. El primero intenta medir su capacidad para aprender de memoria elementos en una lengua extranjera; el segundo, su «sensibilidad gramatical» (sin necesidad de recordar las etiquetas que aprendió en las clases de gramática en el colegio).

Primer ejercicio

- Trate de memorizar en tres minutos las palabras siguientes en una lengua extranjera. Después haga el simulacro de test que consiste en unir cada una de las palabras extranjeras con su equivalente correcto en español, escogiendo una de las cuatro palabras que se ofrecen:

leka	jugar
tinga	encargar
gredelin	lila
gnola	canturrear
köping	pueblo
tillgjord	amanerado
knäcka	romper
löpa	correr
dolsk	insidioso
tjocklek	gordura
fattigdom	pobreza
körsbär	cereza

Primer ejercicio *(continuación)*

Test:

1. *tjocklek*
   a) jugar   b) gordura   c) pueblo   d) pobreza

2. *knäcka*
   a) romper   b) correr   c) canturrear   d) encargar

3. *gredelin*
   a) insidioso   b) amanerado   c) lila   d) cereza

4. *gnola*
   a) canturrear   b) romper   c) cereza   d) encargar

5. *löpa*
   a) cereza   b) lila   c) jugar   d) correr

6. *leka*
   a) jugar   b) amanerado   c) pueblo   d) insidioso

Segundo ejercicio

- Descubra cuál de las cuatro palabras señaladas en cursiva en las frases b) tiene la misma función gramatical que la palabra que aparece en cursiva en las frases a).

1. a) El ejemplo ilustra la *idea* de convertir la escuela y sus actividades en un contexto significativo.
   b) Al *final, aprendizaje* lingüístico e integración social constituyen una *unidad* que se opone a la *asimilación*.
2. a) Ello nos obliga a todos a pensar de nuevo en las *prioridades* de los ciudadanos.
   b) El *aspecto* topológico remite a las *propiedades* del *espacio* físico de la *interacción*.
3. a) El duque fue enviado ante Su Majestad para *disculpar* a su señor por aquel hecho de grandes consecuencias.
   b) Nunca *perdonaron* al *joven* ejecutivo que les abandonara para *trabajar* con la competencia.

Respuestas

• *Primer ejercicio*

1) b: gordura	4) a: canturrear
2) a: romper	5) d: correr
3) c: lila	6) a: jugar

En este simulacro de test se ha escogido la lengua sueca (por lo de «hacerse el sueco»), aunque en el test original, para hablantes nativos de inglés, las palabras son en lengua kurda. Se trata, lógicamente, de que sea una lengua desconocida para quien realiza el test y de que sus palabras guarden el menor parecido posible con las palabras en la lengua materna u otras lenguas que se sospeche que pueda conocer. En el test real la lista de palabras es más larga, 24, y hay también 24 preguntas en la prueba.

• *Segundo ejercicio*

1b) unidad
2b) propiedades
3b) trabajar

Posiblemente esté pensando que las personas que han estudiado más gramática, o que la han estudiado más recientemente tienen más posibilidades de contestar correctamente a este ejercicio. Algo de razón tiene.

• Si ha contestado correctamente el simulacro de test, es muy posible que también considere fácil el test real. Si no, usted mismo puede apreciar si tiene más dificultades en este tipo de memorización o en la prueba gramatical. Pero no se desanime, puesto que todavía podría tener facilidad para contestar otras partes del test que tienen que ver con otros supuestos componentes de la aptitud para los idiomas, como por ejemplo la habilidad para identificar sonidos, de gran importancia para aprender la lengua oral. Además, como ya hemos visto, este test da mucho peso a los aspectos más académicos y de aprendizaje escolar, como el subtest de gramática, y menos a las habilidades de tipo más comunicativo. Sus críticos lo consideran más apto para predecir el éxito escolar, es decir el aprendizaje de una lengua en la escuela, que para predecir el éxito en el aprendizaje de los usos comunicativos de la lengua.

¿Se trata de una habilidad innata o se puede aprender?

> Como ya sé francés, ahora me será muy fácil
> aprender español e italiano.
>
> (Oído a una adolescente alemana en una escuela bilingüe.)

Sobre este punto no existe acuerdo. Parece que la aptitud para los idiomas es una característica estable, que no nos abandona a lo largo de la vida. Incluso que, según ha observado algún estudio, existiría alguna relación entre el aprendizaje de la lengua materna y el aprendizaje posterior de otras lenguas. Éstos serían indicios de que la aptitud para aprender lenguas pudiera ser innata o bien configurarse muy pronto en la vida del individuo. Por ejemplo, se ha observado que los hijos de familias en las que se lee mucho y bien obtienen mejores resultados en el aprendizaje de idiomas.

Por otro lado, otros estudios parecen demostrar que la aptitud para aprender lenguas puede beneficiarse de cierto tipo de experiencias, como por ejemplo la experiencia misma de ser bilingüe o de haber aprendido otras lenguas previamente. Así, está demostrado que las personas bilingües presentan un uso más rico y flexible de las estrategias de comunicación, es decir, que tienen más recursos naturales para comunicarse, lo cual les ofrece más ocasiones para aprender la lengua.

Los estudios en los que se ha intentado enseñar a aprender un idioma han obtenido resultados bastante satisfactorios, es decir, que se puede aprender a aprender idiomas. Un papel importante lo desempeñan las técnicas que podemos utilizar para aprender mejor un idioma (ser más rápidos o eficientes), a las que nos referiremos en el capítulo siguiente.

Se puede aprender a aprender idiomas.

No existen personas negadas para los idiomas

Todas las personas que han aprendido una primera lengua pueden aprender una segunda y una tercera. Pero quien no tiene una buena aptitud para los idiomas encontrará la tarea más difícil y necesitará más tiempo. Esto no implica que no pueda conseguir un buen dominio de un idioma, pero para ello deberá persistir y, a pesar de las posibles dificultades, mantener una gran motivación.

Sin embargo, existe una sensación de fracaso bastante generalizada entre muchas personas adultas. Creen que no podrán aprender un idioma. Quizá lo han intentado más de una vez y no han prosperado en ningún intento. Veamos tres historias robadas del entorno, tan reales como la vida misma. La primera nos habla de un fracaso anunciado en el aprendizaje de una lengua en un medio natural, la segunda de un fracaso inesperado y la tercera de un fracaso repetido en el aprendizaje de una lengua extranjera en un medio académico.

Historia 1. «El fracaso anunciado»

Un amigo mío británico, cooperante en Kosovo, me hablaba de las dificultades que tenía para aprender el idioma después de año y medio inmerso en la comunidad e interactuando diariamente con hablantes nativos:

> Yo les hago preguntas y, si me contestan «sí» o «no», todo va bien. El problema viene cuando se «enrollan». Entonces hablan demasiado rápido y ya no les sigo. Además la gente no es tolerante cuando dices algo que no se entiende, o cuando tú no les entiendes a ellos. Entonces me avergüenzo y me pongo nervioso y, a partir de ahí, todo va de mal en peor. Creo que no sirvo. Tampoco me fue bien cuando estuve en Malawi. Nunca se me han dado bien los idiomas.

Historia 2. «El fracaso inesperado»

La siguiente es la historia de un conocido con una gran preparación intelectual que ha obtenido importantes éxitos en su profesión. Aprendió francés en el bachillerato y el inglés ha sido su asignatura pendiente. Habla así de su «mal de lenguas»:

Hace unos años, y a pesar del poco tiempo que tenía, me matriculé en una academia cerca de casa. En la clase coincidí con la joven de la carnicería del barrio y el chico del quiosco. Estaba claro que yo contaba con una gran ventaja de partida, por mis hábitos de análisis y estudio. Sin embargo, pronto empezaron a ponernos deberes que yo no hacía por falta de tiempo y, poco a poco, aquellos compañeros de clase, con menor preparación intelectual que yo, empezaron a avanzarme. Fue una sensación extraña. Lo dejé a las pocas semanas.

Historia 3. «El fracaso repetido»

Ésta es la historia de una amiga mía, maestra de profesión. Tiene cuarenta y pocos años. Aprendió francés en el bachillerato y no se le daba mal:

A los 18 años me matriculé por primera vez en un curso de inglés en una academia y me fue bastante bien. Pero al año siguiente tuve problemas con el horario y lo dejé. A los 25, cuando ya trabajaba, decidí volver al inglés. No pasé el examen para entrar en segundo y volví a empezar primero. Al principio fue bien, pero pronto tuve la sensación de que no avanzaba, de que me volvían a enseñar lo mismo una y otra vez, y me aburría. Lo dejé de nuevo. Hace unos años lo volví a intentar. Esta vez ya fui directamente a primero porque no podía recordar mucho ni podía estudiar para prepararme el examen. Fui muy resignada, pero tuve la suerte de encontrar una profesora australiana con la que me entendí muy bien. Acabé primero y pasé a segundo, pero con el nuevo profesor ya no me fue tan bien. No creo que lo vuelva a repetir.

Historia 1: la ansiedad

> Para poder aprender debemos sentirnos seguros
> y libres de estrés.

Seguro que la queja de mi amigo en la primera historia, tan sentida que está a punto de abandonar el esfuerzo de aprender esa lengua, le suena. Habla de la complejidad de un idioma, de la dificultad que representa no poder controlar la interacción porque es cosa de dos, de lo mal que llevamos la frustración y de la compuerta emotiva que se cierra ante una situación difícil o la parálisis que nos puede afectar ante el fantasma del fracaso.

Aunque no está suficientemente demostrado que un tipo de personalidad sea más adecuado que otros en el aprendizaje de un idioma, definitivamente algunos rasgos de la personalidad de mi amigo no ayudan. No ayuda, por ejemplo, el hecho de no tolerar la ambigüedad, el sentimiento de frustración que siente por no entender absolutamente todo lo que le dicen. Tampoco ayuda la ansiedad que experimenta debida quizás a la poca confianza que tiene en sí mismo a la hora de aprender un idioma. Se ha observado que un grado elevado de ansiedad puede bloquear tanto la percepción de la lengua como su procesamiento («…hablan demasiado rápido y ya no les sigo…»), así como impedir los intentos de producción que podrían llevar a la comunicación y al aprendizaje.

Esta historia nos ilustra sobre cómo determinados rasgos de la personalidad pueden afectar, en este caso negativamente, al aprendizaje de un idioma. Por supuesto, estas características se pueden cambiar. En algunos casos un manual de auto-ayuda será suficiente. En otros, la intervención de un profesional puede ser decisiva.

Historia 2: cuestión de prioridades

En esta historia no hay grandes problemas, sino una decisión que hay que tomar. Aprender una lengua no es tarea imposible pero sí larga y costosa. ¿Sabe el lector cuántas horas necesitan los niños pequeños para aprender a hablar? Si calculamos sobre la base de un niño de 3 años, que ha estado unas doce horas diarias en contacto con la lengua, obtenemos 13.140 horas. Es cierto, por supuesto, que en estas horas el niño aprende muchas otras cosas además del lenguaje, pero también lo es que el adulto de la historia necesitaría ochenta y cuatro años a un ritmo de tres horas semanales para alcanzar esa suma.

Tener o no tiempo para hacer los deberes, para leer o ver una película en el idioma extranjero es, si duda, una cuestión de prioridades. Si aprender el idioma no figura entre sus prioridades, aunque se sienta muy culpable porque aún no lo sabe, avanzará muy poco.

Si toma la decisión de dedicarle el tiempo necesario —que puede venir marcado por el curso que se pretende seguir, como en esta historia—, nuestro protagonista no ha de tener grandes dificultades, y seguro que su preparación académica le puede ayudar en ciertos aspectos del aprendizaje, aunque quizá deberá aceptar que la joven de la carnicería tenga mejor oído para los idiomas y pronuncie los sonidos de la nueva lengua con más facilidad.

Historia 3: los falsos principiantes

Las razones del fracaso de la tercera historia también nos hablan de las circunstancias en que muchas personas se encuentran cuando quieren aprender un idioma pasados los años escolares. Es decir, cuando ni el sitio ni el horario nos vienen dados y hemos de organizar nuestra vida para ello. La protagonista de la historia ilustra el caso muy común de lo que se conoce como «falso principiante». El «falso principiante» se atasca en el primer curso por circunstancias como las narradas en la historia: le intentan enseñar una y otra vez lo mismo, cree que no avanza y se desmotiva. De aquí a dejarlo correr hasta que el sentimiento de culpabilidad o la necesidad vuelve a ser muy grande sólo va un paso. Y, sin embargo, esta situación de fracaso repetido se puede solucionar de manera relativamente fácil. Existen muy buenos centros de enseñanza en los que se organizan cursos específicos para estas personas y tratan de reconocer lo que se puede recordar pronto y de introducir nuevos alicientes en forma de nuevos aprendizajes. Existen también muy buenos profesores que pueden guiar el aprendizaje del alumno según lo que éste sabe y necesita, en grupo o individualmente. En este último caso, las clases particulares pueden ser una buena solución temporal hasta que se adquiera un nivel intermedio y sea factible la buena integración en un grupo de este nivel, o también una solución más permanente si las circunstancias lo permiten o aconsejan.

La relación con el aprendizaje de la lengua materna

En contraste con lo que sucede en el aprendizaje de una segunda lengua, en el caso del aprendizaje de la lengua materna todos los niños la aprenden de manera parecida, independientemente de lo inteligentes que sean. Ésta es, quizá, la diferencia más importante entre uno y otro aprendizaje. Pero ¿están estos aprendizajes tan disociados? Estudios recientes, al revelar la existencia de una relación entre el ritmo de aprendizaje de ciertos elementos de la lengua materna en los primeros años de vida con la aptitud para aprender una lengua extranjera que estos mismos niños muestran en la adolescencia, nos demuestran que no.

Estos resultados parecen indicar la existencia de una aptitud para el lenguaje que es común para todas las lenguas. Sin embargo, esta aptitud inicial es sólo uno de los factores que influyen en la adquisición lingüística, y si hay muchos factores que inciden en el aprendizaje de la lengua materna, aún hay muchos más que inciden en el aprendizaje de una segunda lengua.

Por ejemplo, los estudios han destacado también la importancia del nivel cultural de las familias. En concreto las prácticas de lectura y escritura de los padres pueden predecir parte del índice de éxito en el aprendizaje de una lengua extranjera que tendrán sus hijos. Otros factores, que consideraremos a continuación, son la personalidad y la motivación.

Entender cómo se adquiere una segunda lengua constituye un desafío mayor que entender el aprendizaje de la primera lengua. Si observar la adquisición de la primera lengua es como dejar caer plumas en el vacío para estudiar el funcionamiento de las fuerzas de la gravedad, observar la adquisición de una segunda lengua probablemente se parece más a observar cómo cae una pluma desde un avión, golpeada por los vientos, sobrecargada por la humedad y frenada por la presión.

E. BIALYSTOK Y K. HAKUTA (1994)

LA INFLUENCIA DE LA PERSONALIDAD

Para poder aprender debemos tolerar la ambigüedad, es decir, vivir con la incertidumbre de no entender absolutamente todo lo que se dice.

La primera de las historias que hemos presentado anteriormente nos ha acercado ya a una reflexión acerca de qué características de la personalidad pueden favorecer o dificultar el aprendizaje de un idioma. El lector no se sorprenderá al leer la lista de las características que han sido estudiadas en busca de una relación con el aprendizaje de idiomas:

• extraversión,
• alta autoestima,
• alta disposición a correr riesgos,
• insensibilidad al rechazo social,
• tolerancia hacia la ambigüedad,
• baja ansiedad.

Los estudios realizados no han podido, sin embargo, confirmar que exista una influencia claramente positiva de la personalidad sobre el aprendizaje de un idioma, por más que el sentido común asocie algunas de estas características con una mejor disposición hacia la comunicación o el aprendizaje. Así, una persona extravertida buscará y dispondrá de más posibilidades para interactuar en la lengua extranjera, especialmente si no le importa demasiado notar de vez en cuando que los interlocutores no están muy interesados en la conversación que les ofrece; una persona que no tenga miedo a hacer el ridículo se arriesgará a usar una palabra o una expresión que no domina totalmente y a cometer errores; una persona que tolera la ambigüedad soportará la tensión de no entender todo lo que sucede a su alrededor; y una persona que no se queda bloqueada ante la pregunta del profesor o la perorata ininteligible del hablante nativo podrá aprovechar la situación para aprender del experto.

Un estudio interesante, y muy comentado, fue realizado hace ya treinta años. En él los investigadores comprobaron que unos aprendices de tailandés a los que se había proporcionado una dosis moderada de alcohol pronunciaban mucho mejor las palabras en ese idioma. No parece, sin embargo, que se puedan extraer consecuencias ni aplicaciones muy claras de este descubrimiento (ni que esté bien visto presentarse a un examen con unas copas de más).

Aspectos psicosociales

En relación con los aspectos psicológicos del individuo que aprende una lengua, hay que citar también una dimensión psicosocial que puede influir negativamente en el aprendizaje de un idioma, especialmente en una situación de inmersión en un país extranjero o en una comunidad lingüística distinta a la propia. En esas circunstancias, algunas personas experimentan cierta imposibilidad de progresar en el aprendizaje de la lengua, que algunos autores han explicado como resultado de la percepción de distancia social que tienen con respecto a la nueva cultura y comunidad. Esta distancia se crearía como consecuencia de experimentar un *shock* cultural y lingüístico: el aprendiz estaría desorientado al sentirse inmerso en una cultura que no entendería adecuadamente y, al mismo tiempo, estar privado de la habilidad de usar el lenguaje de la forma habitual.

La distancia social entre la persona y el grupo disminuiría con la asimilación a la nueva cultura. Esta asimilación comporta, por un lado, una alta valoración de los miembros de la comunidad de acogida cuya lengua se quiere aprender y un alto grado de identificación con ellos y, por otro lado, la modificación del concepto de uno mismo y de las formas que uno tiene de relacionarse con su entorno. Parece que, en muchos casos, la asimilación favorece el aprendizaje lingüístico.

LA MOTIVACIÓN Y SUS CONSECUENCIAS

Propósitos para el año próximo:

bajar peso
ir al gimnasio
aprender inglés

(Leído en un autobús; enero de 2002)

Espero que el lector de este libro empiece a tener una idea clara: en el aprendizaje de idiomas no hay nada gratuito. Es decir, la aptitud para aprender idiomas no tendrá un efecto en los resultados del aprendizaje si los aprendices no están suficientemente motivados para aprender.

Pero ¿qué quiere decir «estar motivado»? No es una pregunta fácil de contestar porque existen diferentes tipos de motivación. Podemos empezar sometiendo su motivación a examen. Elija la respuesta con la que más se identifique en cada caso: Mucho/Indiferente/Nada, y lea después los comentarios a las respuestas.

Test: conozca su motivación

	Mucho	Indiferente	Nada
1. Me gusta hacer los ejercicios que me ponen en la clase de idioma.			
2. Me encantaría haber nacido en el país en el que se habla el idioma o tener amigos allí.			
3. Si aprendo bien un idioma, tendré mayores posibilidades de encontrar un buen trabajo.			
4. Siempre me lo he pasado muy bien en las clases de idiomas.			
5. Los hablantes nativos del idioma no me caen bien y no me gustaría que me confundieran con uno de ellos.			
6. Cuando saco buenas notas o el profesor me felicita en clase, aumenta mi interés por aprender la lengua.			
7. Un posible ascenso en mi trabajo depende de mi dominio del idioma.			
8. Cuando he visto lo difícil que era aprender el idioma me he desmotivado bastante.			
9. Me satisface enormemente poder comunicarme en el idioma extranjero en la vida real.			
10. Necesito este idioma para mis estudios.			
11. Admiro la cultura (la literatura, el cine, la música) que se ha creado en este idioma.			
12. Mi interés aumenta si me dan alguna compensación o algún premio cuando obtengo buenos resultados.			

• Si ha elegido «Mucho» en respuesta a las frases número 1, 4 y 9, usted tiene una motivación envidiable y seguro que llegará muy lejos en su aprendizaje. Su motivación es del tipo «intrínseco»: goza con las actividades que el aprendizaje de un idioma comporta y no necesita que le refuercen o premien por su conducta porque su fuente de interés es interna.

• Si ha elegido «Mucho» en respuesta a las frases número 6 y 8, usted puede tener una gran motivación en ciertos momentos, especialmente cuando obtiene buenos resultados, pero su motivación es inestable y puede desaparecer ante un resultado flojo o alguna adversidad. Su motivación es del tipo «resultativo»: se alimenta con los triunfos y se resquebraja con los fracasos.

- Si ha elegido «Mucho» en respuesta a las frases número 2 y 11, y «Nada» en respuesta a la frase número 5, usted tiene una actitud hacia los hablantes del idioma que le puede ayudar mucho a motivarse para aprender. Su motivación es del tipo «integradora»: tiene interés genuino por la gente y la cultura representadas por esa lengua.

- Si ha contestado «Nada» a las frases 2 y 11, todavía puede tener una buena motivación para aprender la lengua, especialmente si es una lengua extranjera que no comporta la convivencia intensa con los hablantes nativos.

- Si ha elegido «Mucho» en respuesta a las frases número 3, 7, 10 y 12, usted es consciente de que le interesa aprender la lengua para conseguir unos objetivos muy determinados. Quizá no le interesa mucho el idioma en sí, y esto puede ser perjudicial en algún momento. Su motivación es de tipo «instrumental»: se sostiene por incentivos externos. Pero si además ha contestado positivamente a alguna de las frases número 1, 4 y 9 no ha de tener ningún problema, pues entonces conjuga intereses internos y externos y puede llegar muy lejos.

- Si sus respuestas no se agrupan de ninguna de las maneras anteriores, usted tal vez no tenga un perfil de motivación claro. En tal caso estime qué tendencia se muestra más fuerte en sus respuestas.

Como se ha podido comprobar, existen diversas fuentes de motivación: internas y externas, unas más idealistas y otras más prácticas. Pero ¿cómo puede afectar la motivación al aprendizaje de una lengua? Aunque ésta es otra pregunta difícil, se cree que una fórmula parecida a la siguiente puede ser instructiva sobre los procesos que se dan en la mente del individuo:

> Mayor motivación ⇨ Mayor esfuerzo y persistencia
> ⇩
> Mejores resultados

Esta fórmula nos ayuda a entender que no es suficiente con tener buenas habilidades para aprender un idioma, puesto que si no usamos esas habilidades *activamente*, de poco nos sirven. La motivación nos ayuda a ejercitar esas habilidades, dándonos el ímpetu inicial así como la fuerza que sostiene dicho esfuerzo. Es decir, no hay un salto mágico de las habilidades a los resultados sin pasar por la motivación, el deseo de aprender. Ni tampoco hay un salto mágico de la motivación a los resultados sin pasar por el esfuerzo continuado. El deseo ha de traducirse en esfuerzo por transformar la realidad, única varita mágica de esta historia.

> Si no usamos nuestras habilidades activamente, de poco nos sirven.

Todavía podemos añadir una relación a la fórmula, ya que los buenos resultados alimentan la motivación, y así el sistema se autosostiene:

Es decir, los logros conseguidos según el esfuerzo realizado constituyen la recompensa que refuerza el aprendizaje.

Esta fórmula también nos ayuda a entender el verdadero significado de la palabra «motivación». Por ejemplo, una persona no está motivada para aprender un idioma sólo porque la noche de fin de año se haga el firme propósito de aprender inglés o ruso el año entrante. Una persona está realmente motivada cuando, a pesar del poco tiempo libre de que dispone, se organiza un horario realista para asistir a clase y poder realizar todas las tareas necesarias para seguir bien el curso. Ya decíamos que no hay nada gratuito en el aprendizaje de un idioma, así que concédase un premio cuando se lo merezca e intente rodearse del ambiente más agradable para disfrutar al máximo. Y persevere.

Para cerrar este capítulo, volvamos a la pregunta que lo abría: ¿quién puede aprender un idioma? La respuesta que hemos ido construyendo es que todos podemos aprender un idioma, aunque unos de manera más rápida que otros porque tienen una mayor aptitud, o una mayor motivación, o porque, como veremos en los capítulos siguientes, disponen de las mejores circunstancias o utilizan las tácticas más efectivas.

Todos podemos aprender idiomas.

2
DE CÓMO APRENDEMOS IDIOMAS

MÉTODOS DE ENSEÑANZA

> De academias ni me hables. En International House
> me pusieron de pareja con Alfonso, el torpe de la cla-
> se. Hacíamos representaciones para desinhibirnos.
> Una vez, Alfonso y yo teníamos que hacer como que
> íbamos en una barca de remos y hablar del tiempo
> meteorológico. Nos pasamos todo el trayecto remando
> sin hablar. El profesor dijo que no habíamos entendi-
> do el concepto del ejercicio.
>
> ELVIRA LINDO, «Pigmalión»,
> en *El País*, 19 de agosto de 2001.

Seguro que alguna vez se ha preguntado usted si se habrá des-
cubierto ya un método infalible para aprender una lengua.
¿Será cierto que inventarán una pastilla que nos podremos tomar para aprender un idioma sin ningún esfuerzo? ¿O que para

aprender una lengua debemos dejarnos llevar a la niñez? Por otro lado, si nos fijamos en los anuncios de las academias de idiomas en la prensa diaria o en las paredes del metro, podemos llegar a creer en los milagros. Pero ¿existen los milagros para aprender un idioma? La respuesta es un rotundo NO. A partir de ahí, veamos lo que distintos métodos nos pueden ofrecer.

Aquellos que ya superen la cuarentena recordarán sin dificultad el método que seguía su profesor o profesora (probablemente de francés) en el colegio. Seguramente se trataba de memorizar las terminaciones de los tiempos verbales, los significados (o traducciones) de las palabras del idioma en cuestión, algún poema o canción, y un conjunto de fechas y títulos relacionados con los grandes nombres literarios. Otras actividades practicadas en cursos más avanzados eran las traducciones y, con un poco de suerte, la lectura de algún librito en versión original. El resultado era normalmente una serie de conocimientos que servían de muy poco a la hora de usar el idioma en la vida real y una gran frustración por ser incapaces de casar las piezas del puzzle para conseguir que de todo aquello saliera alguna forma clara, una composición con significado.

Además de este método, que denominaremos «tradicional», en aquella época también se podía aprender un idioma siguiendo el método «audiolingüe» en algunos centros avanzados. Las técnicas específicas consistían en repetir oralmente estructuras y practicarlas hasta que quedaran muy bien memorizadas (o hasta la saciedad), en clase y siguiendo el modelo del profesor, o en el laboratorio de idiomas y siguiendo el modelo proporcionado por una cinta. Se evitaba el uso de la lengua materna de los alumnos en clase y el profesor corregía todos los errores. Si había suerte, el profesor acertaba a proponer situaciones en las que practicar las estructuras que se aprendían y que guardaban parecido con la realidad. No son pocas las personas que reconocen haber aprendido bien un idioma con este método.

A partir de los años setenta, los profesores más inquietos y con ganas de mejorar los resultados que obtenían se apuntaron al movimiento «comunicativo». La palabra lo dice todo: el énfasis ya no recae sobre la gramática ni las estructuras, sino sobre cómo comunicarse utilizando el nuevo idioma. Se intenta organizar los cursos a través de las necesidades comunicativas que pueden tener los alumnos y no a través de una ordenación de la gramática por orden de dificultad. Se premia la fluidez por encima de la corrección, y por eso el profesor corrige poco y deja que los alumnos se expresen como puedan.

Las variantes del método comunicativo son muchas y, junto a ellas, aparecen métodos más heterodoxos basados normalmente en alguna corriente psicológica. Algunos destacan el papel del grupo y la cooperación; otros, por el contrario, otorgan al profesor el papel casi de líder espiritual, mientras que otros le convierten en consejero. La música relajante y la hipnosis se utilizan para conseguir la atmósfera adecuada unas veces, mientras que otras se trata de moverse siguiendo las direcciones del profesor-director. Unas veces hay que hablar y otras hay que callar, emulando los primeros meses de vida de un bebé.

Todo esto y mucho más lo podemos encontrar en el mercado. Ahora bien, si consideramos lo que se suele hacer en los colegios y en los centros oficiales y serios, descubriremos alguna variante del método comunicativo y una tendencia a que el profesor deje de ocupar el centro de la clase alrededor del que gira toda la actividad, para dar el protagonismo a los alumnos y organizar las actividades en función de sus necesidades y características. En las propuestas más recientes, grupos o parejas de alumnos trabajan en la realización de una tarea lingüística (como por ejemplo confeccionar un *dossier* sobre un viaje turístico) que les prepara para atender sus necesidades en el mundo real (que puede incluir situaciones similares).

Así, la pregunta sería si de este modo se aprende más y mejor. Y la respuesta es afirmativa en general, aunque tampoco podemos concluir que existe, o pueda existir, un único método que sirva a los más diversos intereses de todos los alumnos. Quizás el mayor avance de los últimos tiempos consista precisamente en el reconocimiento de que la enseñanza se debe realizar en torno a estos intereses y necesidades, y en función de las diferentes dimensiones de la lengua. Profesores y alumnos deben, por tanto, negociar el camino que hay que seguir, los alumnos deben asumir la responsabilidad de su aprendizaje y los profesores deben guiarles y ayudarles en el esfuerzo. Pero esto ya es materia de expertos en la enseñanza. Lo que puede ser interesante para el lector de este librito es aprender a conocerse a sí mismo como aprendiz de lenguas para poder decidir qué método le gusta o conviene más.

ESTILOS PERSONALES

> Lo oigo, lo olvido; lo veo, lo recuerdo; lo hago, lo sé.
>
> CONFUCIO

No todas las personas tenemos la misma habilidad para aprender lenguas, ni nos sentimos igualmente cómodas con los distintos métodos. Todos tenemos nuestro modo preferido de aprender un idioma. Una de estas variaciones se refiere a cuatro modalidades perceptivas distintas de aprendizaje. El siguiente test le ayudará a conocer su estilo perceptivo. Conteste «Sí» o «No» manifestando su conformidad o disconformidad con las afirmaciones de la lista siguiente.

Test: conozca su estilo perceptivo	SÍ	NO
1. Retengo muy bien las palabras que el profesor escribe en la pizarra.		
2. Disfruto las clases en las que hacemos actividades diversas.		
3. Agradezco que el profesor explique detalladamente lo que tenemos que hacer.		
4. Prefiero leer las instrucciones de los ejercicios a que el profesor las explique.		

Test: conozca su estilo perceptivo *(continuación)*	SÍ	NO
5. Me gusta hacer o montar un objeto para un proyecto de clase.		
6. Aprendo mucho cuando participo en juegos de rol con otros alumnos.		
7. Me gusta que el profesor organice juegos en los que debemos levantarnos de nuestros sitios y movernos por la clase.		
8. Me es más fácil recordar una conversación si la hemos practicado en clase que si la leo varias veces.		
9. Me va muy bien hacer dibujos mientras estudio.		
10. Lo mejor de ir a clase es poder escuchar las explicaciones del profesor.		
11. En clase siempre me ofrezco para hacer las decoraciones y los murales.		
12. Me gusta llevarme las notas al gimnasio y leerlas mientras hago ejercicio en la bicicleta estática.		
13. Aprendo más cuando leo un artículo que cuando escucho una conferencia.		
14. Disfruto al escuchar canciones y cuentos mientras conduzco o hago las tareas de casa.		
15. Tengo una libretita con listas de vocabulario que repaso en el metro o en el autobús.		
16. Tengo unas fichas para las palabras con las que construyo frases y practico.		

- Si ha contestado «Sí» a las frases 1, 4, 13 y 15, su estilo es predominantemente visual. Las personas que tienen ese estilo prefieren utilizar la vista para aprender, leyendo o, por ejemplo, examinando tablas. Son personas que necesitan ver para aprender. Así que seguro que *ve* bien estas sugerencias:

— Mire a la persona mientras está hablando. Le ayudará a mantener la atención y a comprender y retener mejor lo que dice.

— Vuelva a copiar los apuntes. La reescritura le ayudará a retenerlos mejor.

• Si ha contestado «Sí» a las frases 3, 8, 10 y 14, usted es predominantemente auditivo. Las personas con esta tendencia aprenden bien escuchando conferencias o grabaciones. Son personas que tienen suficiente con escuchar. Seguramente estas recomendaciones le *sonarán* bien:

— Recite siempre en voz alta lo que quiera aprender. Si se encuentra en una biblioteca o lugar público, intente oír las palabras en su cerebro.
— Trate de estudiar con un compañero para oír la información que quiere aprender.

• Si ha contestado «Sí» a las frases 2, 6, 7 y 12, usted aprende mejor en movimiento. Estas recomendaciones le *irán* bien:

— Camine mientras lea o recite. Le ayudará a memorizar.
— Organice su tiempo de estudio con frecuentes y breves descansos, por ejemplo, cada media hora.

• Si ha contestado «Sí» a las frases 5, 9, 11 y 16, sus manos tienen un papel importante en su aprendizaje. Seguro que se *manejará* bien con estas recomendaciones:

— Cuando quiera memorizar algo, intente cerrar los ojos y escribir la información en el aire, sobre la mesa o la alfombra, con un dedo.
— Intente también escribir las palabras en la cabeza mientras memoriza y, si es posible, trate también de oírlas. Cuando intente recordar la información, cierre los ojos y procure verla con su ojo mental y oírla en su cabeza.

• Finalmente, si no ha contestado afirmativamente de manera consistente a los ítem de ninguna de estas agrupaciones de preferencias, eso puede indicar dos cosas: o bien que tiene bien desarrollados los diversos canales y sabe utilizar el que le va mejor con cada tarea y, por tanto, puede aprender muy bien un idioma, o bien su preferencia neurológica no está todavía bien determinada y puede tener dificultades de aprendizaje al no saber lo que le funciona mejor.

Los estilos perceptivos que acabamos de ver no sólo marcan diferencias individuales sino también diferencias culturales o nacionales. Es decir, diferentes culturas muestran también preferencias determinadas. Los resultados de los estudios que se han realizado en este sentido han revelado que, por ejemplo, los japoneses no son muy aficionados a moverse ni a utilizar las manos en clase, mientras que los hispanos sí, y que los anglosajones no tienen una preferencia por el canal visual, mientras que los chinos sí. También pueden darse preferencias temporales, por ejemplo llegar a preferir la vía auditiva después de un contacto intenso con la lengua hablada, como por ejemplo cuando la persona vive en el país en el que se habla la lengua que está aprendiendo. O preferencias por edades, de manera que los niños mostrarán preferencia por aprender en movimiento, mientras que con los años el estilo preferente será el visual o el auditivo.

Preferencias cognitivas y de personalidad

No sólo implicamos nuestros sentidos en nuestras preferencias a la hora de aprender un idioma. El intelecto también puede actuar de manera distinta en una u otra persona, por ejemplo determinando dónde nos situamos entre estos polos:

abstracto-intuitivo — concreto-secuencial

sintético — analítico

- *Abstracto-intuitivo*: «No necesito saber el significado de todas las palabras para comprender un texto».
- *Concreto-secuencial*: «Me gusta aprender haciendo juegos o viendo películas».

- *Sintético*: «Me gusta resumir y lo hago muy bien».
- *Analítico*: «Me gusta estudiar la gramática».

O entre estos dos:

dependiente de la autoridad — comunicativo

- *Dependiente de la autoridad*: «Me gusta que la profesora nos lo explique todo».
- *Comunicativo*: «Me gusta hablar con amigos en el idioma extranjero».

Por otro lado, las distintas personalidades se reflejan en las diferentes maneras de enfocar el aprendizaje de un idioma. En efecto, ser impulsivo o reflexivo, introvertido o extravertido, arriesgado o temeroso puede tener consecuencias en las opciones que elegimos cuando aprendemos un idioma.

De manera espontánea, todos escogemos una u otra estrategia en función de nuestra personalidad y nuestro estilo personal de aprendizaje. Así, una persona extravertida preferirá estrategias sociales que comporten trabajar en grupo, por ejemplo preparando una minirrepresentación teatral, y sabrá encontrar oportunidades para practicar la lengua con hablantes nativos. Por el contrario, una persona introvertida no disfrutará participando en juegos de clase, sino cuando se deja que trabaje a su propio ritmo, por ejemplo escuchando cintas o viendo películas. A una persona impulsiva no le molestará ser la primera en ensayar y utilizar expresiones nuevas delante de toda la clase, mientras que una persona reflexiva esperará a tener claro lo que tiene que hacer. A una persona que tiende a pensar de manera secuencial, paso a paso, le irá mejor memorizar, mientras que a una intuitiva le irá muy bien en situaciones en que tenga que improvisar y arreglárselas como pueda a pesar de sus conocimientos limitados.

SISTEMAS MÁS UTILIZADOS PARA APRENDER UN IDIOMA: LAS ESTRATEGIAS

Dijimos que todas las personas tenemos un estilo más o menos determinado de aprender un idioma. En la medida en que nuestro estilo personal depende de las características de nuestra personalidad, de cómo razonamos y cómo sentimos, nuestro estilo es duradero y estable. Pero, por otro lado, cuando nos enfrentamos con una tarea específica, como aprender una lista de palabras nuevas, completar un ejercicio de gramática o hacer una presentación oral en clase, recurrimos a diferentes «estrategias», es decir, emprendemos ciertas acciones o damos ciertos pasos encaminados a su realización. Algunas estrategias son más adecuadas para la tarea que tenemos entre manos que otras y realizar o no una buena elección de estrategia puede determinar en gran manera su éxito o fracaso. Ésta es la razón por la que es tan importante saber escoger la estrategia adecuada y por la que muchos profesores de idiomas intentan «entrenar» a sus alumnos en el buen uso de las estrategias de aprendizaje.

Estas estrategias son de varios tipos. Podemos señalar, por ejemplo, seis grandes clases:

1. *Estrategias de memoria.* Todo aquello que nos ayuda a almacenar información en la memoria y a utilizarla (recordarla) cuando la necesitamos.
2. *Estrategias cognitivas.* Nos ayudan a comprender y a producir frases, expresiones o palabras nuevas.
3. *Estrategias de compensación.* Las utilizamos cuando intentamos comunicarnos en la lengua que estamos aprendiendo, a pesar de nuestras deficiencias lingüísticas.
4. *Estrategias metacognitivas.* Todo aquello que hacemos con el fin de controlar nuestro propio aprendizaje, por ejemplo, organizándolo, planificándolo o evaluándolo.

5. *Estrategias afectivas*. Con ellas intentamos controlar nuestras emociones, actitudes, motivaciones y valores respecto a la lengua que aprendemos.

6. *Estrategias sociales*. Nos ayudan a interactuar con otras personas en la lengua que aprendemos.

Le propongo un sencillo ejercicio para despertar su sensibilidad hacia las estrategias. Se trata de descubrir las estrategias que utilizan las tres protagonistas de estas pequeñas historias de verano:

Tres veranos lingüísticos

Historia 1

Sara ha ido a trabajar como *au-pair* durante el verano con una familia irlandesa. Al principio hay muchas palabras que no entiende. Poco a poco, y a fuerza de encontrarse en la misma situación, cada día va descubriendo algunos significados. Por ejemplo, la señora de la casa le dice la primera mañana, una vez acabado el trabajo de limpieza: *Put away the vacuum cleaner, please*, señalándole el aspirador. Ante su titubeo, la señora guarda el aspirador en el armario bajo la escalera. El segundo día, Sara adivina que debe guardar el aspirador en su sitio.

Se compra una libretita de anillas, como le recomendó su profesor de inglés antes del viaje, y anota las nuevas palabras junto con una frase que le ayuda a recordar el significado (por ejemplo, *Children, put away your books*). Además, cada vez que escucha o lee en un libro la nueva palabra, examina que tenga el mismo significado y, si tiene la libretita a mano, anota un nuevo ejemplo que le sirve también para añadir nombres de nuevos objetos. Si descubre un nuevo significado de la misma palabra, inicia una lista nueva.

Al final de su estancia, Sara reorganiza las palabras en secciones de nombres, verbos, adjetivos y adverbios. También las vuelve a organizar alfabéticamente e intenta memorizarlas en este orden. Y a veces, cuando está sola haciendo alguna tarea de la casa, se inventa diálogos en los que juega a utilizar todas las palabras nuevas.

Historia 2

A Olivia la han invitado a pasar el verano en casa de unos amigos de sus padres en una pequeña localidad británica. Como está algo cansada del curso pasado prefiere no matricularse en una escuela y dedicar el mucho tiempo libre que tiene a conocer a gente y practicar el inglés.

Nada más llegar le presentan a una vecina de su edad con la que pronto traba amistad, aunque su nivel de inglés es demasiado bajo para mantener una conversación fluida. Sin embargo, Olivia no tiene ningún problema en hacer repetir lo que no entiende y en preguntar cuantas veces sea necesario para comprobar que su comprensión ha sido correcta. Cuando no dispone de la palabra necesaria en inglés prueba en español a ver si la entienden, y si no, explica lo que quiere decir con otras palabras que sí conoce (como el día que quería hablar de su tío y recurrió a «el padre de su primo» y acabó aprendiendo la palabra *uncle*). A menudo llega a casa muy cansada del esfuerzo que ha tenido que hacer para seguir mínimamente las conversaciones, en especial cuando su vecina ha quedado con su grupo de amigos y amigas. Entonces le va muy bien hablar con la amiga de sus padres, una señora que hace muchos años que vive en Gran Bretaña y que también le ayuda a entender las diferencias culturales.

Historia 3

Natalia ha conseguido un contrato como monitora en un campamento de verano en Francia en el que hay niños franceses y de otros países y lenguas. Éste es el tercer verano que dedica a reforzar su francés y, como ya tiene un buen nivel, se ha atrevido a prescindir de cursos y a tener una experiencia nueva.

La mayoría del resto de monitores son jóvenes franceses, y todos juntos deben cooperar de manera rápida y eficaz para organizar las actividades con los pequeños y resolver los problemas que surgen constantemente. Por tanto, durante el día debe hablar en francés continuamente, pero no tiene mucho tiempo para reflexionar sobre la lengua. En cambio, por las noches, hace memoria de lo que ha sido su día lingüísticamente hablando, en especial de las expresiones que ha escuchado y entiende pero que ella no usa, y se propone utilizarlas al día siguiente en cuanto tenga ocasión para ello. La noche siguiente reflexiona sobre los intentos realizados a lo largo del día y planifica incorporar nuevas expresiones o palabras. Cada vez que consigue ampliar sus recursos de vocabulario utilizando de manera consciente una expresión o palabra recién adquirida, Natalia se concede un premio (5 minutos de conversación telefónica con su amiga Sara que está en Irlanda o su amiga Olivia que, sin saber casi nada de inglés, se ha atrevido a ir a pasar las vacaciones a casa de unos amigos en Inglaterra).

Soluciones

Estrategias en la historia 1

- Estrategia de compensación: «Adivinar de manera inteligente utilizando el contexto situacional»: *El segundo día Sara adivina que debe guardar el aspirador en su sitio.*
- Estrategia memorística: «Crear vínculos mentales colocando palabras nuevas en un contexto»: […] *anota las nuevas palabras junto con una frase que le ayuda a recordar el significado.*
- Estrategia metacognitiva: «Centrar el aprendizaje relacionando información nueva con información conocida»: […] *cada vez que escucha o lee en un libro la nueva palabra, examina que*

tenga el mismo significado y, si tiene la libretita a mano, anota un nuevo ejemplo que le sirve también para añadir nombres de nuevos objetos. Si descubre un nuevo significado de la misma palabra, inicia una lista nueva.

- Estrategia memorística: «Repasar de manera estructurada»: *Sara reorganiza las palabras en secciones de nombres, verbos, adjetivos y adverbios. También las vuelve a organizar alfabéticamente e intenta memorizarlas en este orden.*

- Estrategia cognitiva y metacognitiva: «Crear estructura para producción verbal» y «Evaluar el aprendizaje»: [...] *se inventa diálogos en los que juega a utilizar todas las palabras nuevas.*

Estrategias en la historia 2

- Estrategia social: «Solicitar clarificaciones o verificaciones»: [...] *hacer repetir lo que no entiende y [...] preguntar [...] para comprobar que su comprensión ha sido correcta.*

- Estrategia de compensación: «Superar las limitaciones propias utilizando por ejemplo circunlocuciones»: [...] *explica lo que quiere decir utilizando otras palabras que sí conoce (como el día que quería hablar de su tío, y recurrió a «el padre de su primo» y acabó aprendiendo la palabra* uncle).

- Estrategia afectiva: «Hablar de los propios sentimientos con otra persona»: [...] *hablar con la amiga de sus padres, una señora que hace muchos años que vive en Gran Bretaña [...].*

- Estrategia social: «Empatizar con otros desarrollando un entendimiento cultural»: [...] *le ayuda a entender también las diferencias culturales.*

Estrategias en la historia 3

- Estrategia social: «Cooperar con hablantes de la nueva lengua»: [...] *todos juntos deben cooperar de manera rápida y eficaz para organizar las actividades con los pequeños y resolver los problemas que surgen constantemente.*

- Estrategia metacognitiva: «Planificar el aprendizaje»: [...] *y se propone utilizarlas al día siguiente en cuanto tenga ocasión para ello.*
- Estrategia cognitiva: «Practicar»: [...] *(y se propone) utilizarlas al día siguiente en cuanto tenga ocasión para ello.*
- Estrategia metacognitiva: «Evaluar el aprendizaje»: *La noche siguiente reflexiona sobre los intentos realizados* [...].
- Estrategia afectiva: «Animarse a uno mismo premiándose por el triunfo conseguido»: [...] *Natalia se concede un premio.*

ESTRATEGIAS DE COMUNICACIÓN: CÓMO SACAR PROVECHO DE LO POCO QUE SE SABE

De manera espontánea, ante una dificultad para expresar exactamente lo que queremos decir, los hablantes utilizamos expresiones alternativas o rodeos. Este tipo de conducta es normal en nuestra lengua materna, como vemos en el ejemplo:

A: ¿A qué restaurante fuisteis?
B: A ése de la esquina. Ahora no me acuerdo del nombre. Tiene que ver con el teatro...
A: ¿El Telón?
B: Sí, ése.

Cuando usamos una lengua no materna, y dado nuestro más escaso dominio lingüístico, nos encontramos con muchísimas ocasiones en las que, para mantener la conversación, debemos recurrir a algún artilugio similar. El uso de lo que podemos denominar «estrategias de comunicación» nos permite seguir dialogando y aprendiendo a través de la conversación, así que se trata evidentemente de una práctica aconsejable. Por el contrario, hay ocasiones en las que el hablante decide que no tiene los medios lingüísticos apropiados para decir lo que quería o para hablar de un tema en concreto y decide abandonar. Como en la fábula de la zorra y las uvas, sólo la zorra sale perjudicada, pues no puede comer la fruta que está demasiado alta. Buscar un palo para tratar de alcanzar las uvas o pedir la ayuda de alguien más alto le habrían posibilitado comer la fruta. Utilizando la misma comparación, el palo puede ser recurrir a otros medios que estén a nuestro alcance, como intentar explicar la palabra que nos falta mediante otras palabras o utilizar un gesto; ese alguien más alto a quien le pedimos ayuda puede ser nuestro interlocutor u otra persona con mayor dominio de la lengua. En los ejemplos siguientes, el interlocutor A desconoce una palabra en español pero consigue hacerse entender y continuar la conversación. Además, si presta la debida atención puede también aprender palabras nuevas.

> A: Y llevaba unos… mm… zapatos altos hasta la rodilla.
> B: Ah, unas botas.
> A: Sí, eso, llevaba unos botas.
>
> A: Había también un… una cosa… una silla con tres piernas.
> B: ¿Un taburete?
> A: Un taburete, y también un piano.

MÉTODO A LA CARTA

¿Podremos algún día disponer de una carta de métodos de enseñanza en la que podamos elegir aquel que sea más adecuado para nuestro estilo personal y nuestras preferencias en cuestión de estrategias? Ciertamente, existe alguna experiencia en ese sentido, en la que, tras evaluar el estilo cognitivo de los alumnos, se les ha repartido en grupos en función de los resultados. Así, por ejemplo, si en un grupo predominan las personas con estilo analítico se les puede dar un tipo de enseñanza en la que predominen los ejercicios de gramática. Si, por el contrario, en el grupo predominan los «memoriones», será mejor darles la oportunidad de hacer muchos ejercicios en los que tengan que practicar la lengua en situaciones específicas. En las experiencias en las que se han tenido en cuenta las características cognitivas de los alumnos, se ha comprobado que éstos se han beneficiado de ello y han obtenido mejores resultados finales.

Parece evidente, sin embargo, que existen todo tipo de impedimentos para generalizar esta situación a los centros normales, tanto de tipo organizativo como económico. Una posibilidad más factible la ofrecen los programas individuales por ordenador, en los cuales se podrían proponer actividades distintas en función de las características de los aprendices; o bien tratar de compensar en las distintas clases a fin de proporcionar a los alumnos la práctica en el tipo de habilidad en la que están menos dotados; o proponer tareas lingüísticas suficientemente ricas y flexibles para adecuarse a los diferentes estilos y estrategias preferidos de los alumnos.

PRACTICAR LA LENGUA

En el aprendizaje de un idioma la práctica
lo es todo (o casi).

Para aprender una lengua es necesario practicarla mucho. Además, si queremos entender debemos practicar la comprensión y si queremos escribir o hablar bien debemos practicar la escritura y la charla. Al ponernos en situación de tener que expresar ideas concretas, de defender ciertos argumentos o de causar la impresión deseada, nos forzamos a seleccionar las palabras precisas y a organizarlas de la forma adecuada. Los estudios han demostrado que este esfuerzo nos permite dar un gran paso adelante en el aprendizaje de una lengua porque nos hace tomar conciencia de las lagunas que aún tenemos, de las palabras y las expresiones que nos faltan para podernos expresar en la nueva lengua. Esta toma de conciencia puede hacer que aumente nuestra atención cuando escuchamos o leemos a fin de rellenar esas lagunas que hemos notado.

Para practicar una lengua no cabe duda de que lo ideal es conversar con una persona nativa que nos interese. Y cuanto más motivados estemos para entender a esa persona y para hacernos entender por ella, mejor. No es un secreto que las relaciones amorosas proporcionan las mejores oportunidades para practicar y aprender una lengua.

> ÉL: Nunca soñé que pudiera vivir momentos de tanta felicidad y belleza. En mi vida ya no hay oscuridad aunque se oculte el sol.
> ELLA: Mi gusta también.

A falta de ese interlocutor maravilloso, siempre podemos encontrar personas interesantes con las que conversar sobre cualquier tema. A veces incluso una persona no nativa que también aprende la lengua como nosotros puede ser un buen compañero de prácticas: nos puede enseñar y le podemos enseñar, y hablando con él o ella conseguiremos aumentar la fluidez para que, cuando llegue el momento de la verdad, no aburramos a nuestro interlocutor con nuestra lentitud y torpeza.

PRACTICAR SOLO

Pero incluso en el caso de que no dispongamos de nadie, siempre nos queda el espejo. Grandes conversaciones (eso sí, privadas) pueden tener lugar ante uno mismo. Además de proporcionarnos una práctica cómoda y sin horarios, el espejo tiene la ventaja de que podemos examinar nuestra expresión al articular los sonidos en una lengua distinta de la habitual, de que podemos familiarizarnos con la persona nueva que somos cuando adoptamos otra lengua e identificarnos con ella.

También podemos practicar la lengua mentalmente. Una conocida mía realizaba cada día el recorrido de casa al trabajo y del trabajo a casa pensando en alemán. A veces, cuando veía a turistas se imaginaba que éstos le hacían preguntas y elaboraba diálogos imaginarios la mar de entretenidos. Esto le ayudó especialmente en los períodos en los que su trabajo de periodista no le permitía ir a clase. Conversando con ella misma aprovechaba el tiempo perdido practicando el alemán, que así se conservaba fresco para cuando tenía que viajar o podía reanudar sus clases.

Otro amigo aprendió y practicó mucho inglés con las canciones de los Beatles y llegó a imaginarse conversaciones muy románticas en las que podía utilizar las frases preferidas de sus canciones.

Si este amigo hubiera tenido tanto interés por el aprendizaje del inglés como lo tenía por hacer realidad sus ensoñaciones, hubiera podido escribir esos diálogos; si se hubiera esforzado en escribirlos, habría hecho avanzar su aprendizaje al activar todos los recursos disponibles para ello, tanto estructuras gramaticales como vocabulario. Si a usted le gusta escribir en su lengua materna, aproveche sus dotes para hacerlo también en el idioma que está aprendiendo. Puede escribir, por ejemplo, un diario en el que anote cómo evoluciona su aprendizaje, lo que ha aprendido ese día y cómo lo ha aprendido. Sin duda se sorprenderá y se llegará a conocer mucho mejor.

Podemos practicar mucho con la televisión, el vídeo y el cine. Ver películas en versión original, subtituladas o no, permite una práctica privilegiada de un idioma. Incluso cuando sabemos muy poco de la lengua —como quien dice, cuando no entendemos nada—, seguir los diálogos en los subtítulos nos permite «segmentar» la cadena continua de sonidos que oímos y descubrir las separaciones entre las palabras. Eso es lo que hacemos cuando reconocemos una palabra: la separamos del resto y con ello empezamos a descifrar el código secreto de una lengua nueva. En niveles más avanzados, el reconocimiento de palabras que hemos visto escritas pero que no utilizamos oralmente nos ayuda a integrarlas en nuestro vocabulario.

Finalmente, unas líneas sobre la lectura, instrumento clásico de aprendizaje, el más asequible en casi cualquier condición. ¿No se cuenta de un presidiario que aprendió varias lenguas leyendo la Biblia en sus diversas traducciones? Podemos y debemos leer por placer, dejarnos traspasar por la lengua porque al llevar a cabo procesos de comprensión estamos interiorizando el nuevo sistema. Y podemos y debemos leer para aprender estructuras, expresiones y palabras; adivinando o intuyendo significados y también con el diccionario al lado y hasta un ordenador a mano. En la sección siguiente se presentan algunas técnicas específicas de aprendizaje de vocabulario, avaladas por años de investigación y estudio, que pueden iniciarse con la lectura.

TÉCNICAS PARA APRENDER VOCABULARIO

El dinero llama al dinero.

Los psicolingüistas aconsejan disponer lo antes posible de un vocabulario básico y automatizado en el idioma que se quiere aprender para que el esfuerzo de comprensión no sea tan grande que dificulte o imposibilite el aprendizaje. Ello es así porque nuestra capacidad mental es limitada, de manera que si el esfuerzo que se tiene que realizar para comprender es demasiado grande, ya no queda fuerza mental que destinar al aprendizaje de nuevos elementos. Es como si, al estar tan concentrados en tratar de entender, no pudiéramos concentrarnos también en las palabras y las estructuras mediante las que se expresan las ideas.

Pero ¿qué quiere decir que un elemento esté automatizado? Pues simplemente que funcionemos con él como lo hacemos con nuestra lengua materna, en la que no tenemos que decidir qué palabra escoger en cada momento, sino que las palabras se producen de manera automática una vez tenemos la intención de comunicar una idea. Si un gran número de palabras se producen o se comprenden sin necesidad de dedicarles un esfuerzo consciente, podremos concentrar nuestra atención y esfuerzos en alguna palabra nueva para así iniciar el proceso que nos llevará a incorporarla a nuestro repertorio.

El tamaño de este vocabulario mínimo se cifra en unas mil palabras básicas (más todas las que se puedan derivar o componer a partir de ellas). Por otro lado, el nivel de automatización que nos puede servir de modelo, el que tenemos en la lengua materna, supone la producción de dos a tres palabras por segundo y la lectura de tres a seis palabras en ese mismo tiempo.

El grado de automatización que tenemos en una lengua se manifiesta a través de la fluidez que mostramos y se adquiere a base de práctica.

Características de la práctica

¿Qué características ha de tener esa práctica?:

- ser frecuente,
- ser regular,
- implicar esfuerzo y atención.

Veamos una ilustración con algunas técnicas que podemos aplicar para sacar el máximo partido de la lectura. Ya hemos dicho que leer mucho es conveniente; nos puede presentar elementos o palabras de manera frecuente y regular, pero tal vez no sea suficiente si no le dedicamos esfuerzo y atención. Así pues, ante una palabra nueva podemos seguir los siguientes pasos:

1. Tratar de adivinar el significado por medio de estrategias de inferencia, como las siguientes:

   - Analizando la forma de la palabra y sus posibles componentes. Por ejemplo, mi hija, a punto de cumplir 11 años, me preguntó sobre el significado de la palabra «decadencia» que desconocía en su lengua materna («Entiendo que "deca" quiere decir diez —me dijo— pero ¿"dencia"?»). Evidentemente había segmentado la palabra de manera errónea (deca-dencia); sin embargo, esta equivocación me produjo una gran alegría y me hizo pensar que mi hija no tendría problemas aprendiendo idiomas. Por supuesto, cuando se trata de una lengua no muy distante de la propia o de alguna que ya conocemos, las similitudes entre las palabras pueden sernos de gran utilidad, aunque tampoco podemos fiarnos totalmente de los que, en ocasiones, pueden ser «falsos amigos». Por ejemplo, *library* en inglés puede hacernos pensar en «librería», cuando en realidad corresponde a la palabra relacionada «biblioteca». Éste es un claro ejemplo de que una palabra que parece ser amiga y ayudarnos en nuestra tarea descubridora nos lleva por un camino equivocado.

- Utilizando información del contexto. Si en el mismo supuesto texto encontramos una referencia a la «National Library» junto con museos importantes de Londres, por ejemplo, podemos empezar a adivinar que no se trata de una librería normal donde podemos comprar un mapa, sino de alguna institución más importante y oficial.

2. Una vez conocemos de forma clara el significado de la palabra, cerciorándonos con la ayuda de un diccionario si el texto no incluye explicaciones de ningún tipo, debemos registrarla en nuestra memoria para poderla recordar cuando sea conveniente. Para registrar una palabra y su significado de manera permanente, podemos repetir la palabra poniendo toda nuestra atención, y hacer lo siguiente:

- Escribir la palabra en una cara de una ficha y anotar en el reverso el significado junto con otra información importante, como si la palabra es de género masculino o femenino (en las lenguas que tienen esta distinción), cómo se pronuncia, ejemplos típicos, asociaciones que podemos hacer con otras palabras que conocemos en la misma lengua o en la lengua materna, y todo aquello que nos ayude a conocerla mejor.

- Anotarla en la hoja de una libreta de anillas que nos permita mover las palabras y expresiones para agruparlas según diferentes motivos: por áreas en las que están relacionadas (por ejemplo, nombres de frutas, o verbos que tengan que ver con la meteorología), por grado de conocimiento (aquellas que ya recordamos sin problema separadas de las que aún necesitamos practicar y de las que todavía nos parecen muy nuevas), etc.

- Introducirla en una base de datos electrónica que permita hacer todo lo anterior de manera automática y, aún mejor, con algún programa que nos presente las palabras, nos permita examinar nuestro conocimiento y guarde memoria de nuestros aciertos y errores, de manera que el programa mismo distribuya las presentaciones de las distintas palabras en función de la práctica que todavía necesitamos. Existen en el mercado programas de este tipo que permiten eso y mucho más.

3. Para memorizar las palabras debemos practicar con ellas o simplemente repetirlas con frecuencia, en voz alta o mentalmente. ¿Cuántas horas o cuántos días? También en este punto podemos confiar en los expertos. Se ha demostrado que:

- Se obtienen mejores resultados si la práctica se realiza de forma más intensa al principio y después se va espaciando en intervalos cada vez más amplios hasta, por ejemplo, intervalos de un mes.

- Si se practica y no se olvida durante los primeros cinco años, puede permanecer en la memoria hasta veinticinco años más.

- Para aprender una lista es más conveniente aprenderla por bloques que elemento a elemento.
- Se recuerdan mejor las palabras concretas que las palabras abstractas y por ello se debe dedicar mucho esfuerzo a estas últimas, repitiéndolas o practicando con ellas hasta la saciedad.
- Se recuerda mucho mejor si lo que se memoriza tiene significado, si se han elaborado asociaciones con otras palabras, o bien se le ha dedicado algún tipo de esfuerzo mental.
- De la misma manera se obtienen mejores resultados si en lugar de simplemente repetir (práctica de mantenimiento) se trabaja con el nuevo material, por ejemplo realizando conexiones mentales con palabras ya conocidas.

Por supuesto, estas técnicas las podemos aplicar también con la lengua oral. Mencionaba antes de manera general los beneficios de ver la televisión o una película. Para conseguir que las palabras y expresiones nuevas no nos desborden hasta el punto de que no podamos enfocar nuestra atención de manera productiva, podemos considerar las siguientes posibilidades:

- Ver una película repetidas veces.
- Ver una película que ya hemos visto anteriormente en nuestra lengua materna.

Ver una película también nos puede servir para mejorar nuestra habilidad de reconocimiento de las formas orales de las palabras en el nuevo idioma. Esta habilidad, en su nivel óptimo, nos permitirá un reconocimiento automático, sin esfuerzo. Son prácticas muy interesantes:

- Ver una película hablada y subtitulada en el idioma que estamos aprendiendo (los actuales sistemas DVD permiten distintas combinaciones de idiomas para la voz y los subtítulos) e intentar repetir los diálogos leyéndolos a la velocidad en que se presentan.

- Ver una película hablada en la lengua materna pero subtitulada en la lengua que estamos aprendiendo e intentar leer a la velocidad en que se presentan los diálogos.

Acabaremos esta sección resumiendo lo dicho en tres palabras: práctica, práctica, práctica.

EL BUEN APRENDIZ

Las observaciones de profesores e investigadores han permitido conocer las características más comunes de aquellas personas que aprenden un idioma con facilidad. Es decir, todos los alumnos que son catalogados por sus profesores como «buenos», como personas con facilidad para los idiomas, presentan una serie de características en común que no se encuentran en los alumnos «mediocres», a los que les cuesta aprender un idioma. El conjunto de estas características permite dibujar un perfil del «buen aprendiz». Claro que, como ocurre con todos los estereotipos, esto se trata de una simplificación; en diferentes circunstancias las personas pueden disponer de recursos con los que compensar deficiencias o de cualidades que les permitan superar los obstáculos.

Con este test usted podrá saber si su perfil se acerca al del «buen aprendiz de lenguas». Escoja la respuesta según su grado de identificación con cada característica: alto, indiferente o nulo.

Test: el buen aprendiz de lenguas

	Sí	Ni sí ni no	No
1. Lo más importante en una lengua es el significado.			
2. Cuando hablo con un nativo me dejo ir y no me preocupo de hacerlo lo mejor posible.			
3. Me fijo en los elementos que se repiten y las regularidades para entender mejor cómo funciona la lengua.			
4. Me pongo muy nervioso cuando no acabo de entender lo que me dicen o lo que estoy leyendo.			
5. Disfruto adivinando el significado de palabras desconocidas.			
6. A veces intento utilizar una expresión o una palabra que no conozco bien y observo la reacción de mi interlocutor.			
7. Sólo me importa comunicarme y no quiero perder el tiempo analizando las estructuras que utilizo.			
8. Practico siempre que puedo.			
9. Si no domino una expresión o una estructura, o no sé el significado exacto de una palabra, prefiero no arriesgarme a utilizarla.			
10. Si no me entienden, me callo o cambio de conversación.			
11. Estoy tan motivado para comunicarme que no me importa hacer faltas con tal de aprender y hacerme entender.			
12. Reflexiono sobre mi aprendizaje y planifico los pasos que debo dar para aprender lo que necesito.			
13. Cuando estoy leyendo un texto no necesito mirar todas las palabras en el diccionario para comprender el significado global.			

Puntuación

• *Preguntas 1, 3, 5, 6, 8, 11, 12 y 13*

Sume 2 puntos por cada vez que ha contestado «Sí», 1 punto por cada vez que ha contestado «Ni sí ni no», y reste 2 puntos cada vez que ha contestado «No».

• *Preguntas 2, 4, 7, 9 y 10*

Reste 2 puntos cada vez que ha contestado «Sí», 1 punto por cada vez que ha contestado «Ni sí ni no», y sume 2 puntos cada vez que ha contestado «No».

• Si ha obtenido de 21 a 26 puntos, usted tiene muchas de las características de un buen aprendiz de lenguas. Puede conseguir las metas que se proponga: dos, tres idiomas más no serán un problema.
• Si ha obtenido entre 12 y 20 puntos, usted puede beneficiarse de una reflexión seria sobre cuáles son las características que debería cambiar. Seguro que si se lo propone puede mejorar mucho su perfil.
• Si ha obtenido menos de 12 puntos, está claro que o bien ha sido mal aconsejado o no cuenta con una gran intuición para los idiomas. Vuelva a leer este capítulo y haga saber a su profesor cuál es su estilo personal y las estrategias que no utiliza para que le pueda ayudar.

3

DE CUÁNDO ES MEJOR APRENDER UN IDIOMA Y EN QUÉ CONTEXTO O LUGAR

CUESTIONES DE EDAD

Niños salvajes y otras historias
En cuestión de edad existe la creencia muy extendida de que cuanto más joven se empiece a aprender un idioma, mejor. Quizás a algún lector le suene la idea de una edad o un «período crítico» pasado el cual el aprendizaje ya no puede realizarse con facilidad. O recuerde alguna historia de niños que, al haber crecido en solitario, no aprendieron a hablar de pequeños, ni tampoco cuando fueron encontrados y socializados en el mundo de las personas hablantes.

Una de estas historias fue llevada a las pantallas por el cineasta francés François Truffaut. Trataba de un niño encontrado en un bosque del sur de Francia a quien se intentó enseñar a hablar; estos intentos fracasaron, como también lo hicieron los intentos por convertirlo en una persona «normal» (entendiéndose por «normal» no tener el deseo irrefrenable de, despojado de su ropa, revolcarse por la nieve).

La historia de Genie es otro de esos tristes relatos: el de una niña recluida por su padre en una habitación sin que se le permitiera producir sonido alguno hasta los 13 años y medio. Durante los cuatro años que duró la investigación lingüística posterior a su hallazgo, Genie aprendió muchas palabras, sin embargo se le resistieron muchas reglas y estructuras gramaticales. Su estudio podría haber aportado información valiosísima sobre si se producen cambios a partir de la pubertad o existen barreras biológicas para el aprendizaje de una lengua, pero su evolución no se puede tomar como la de una persona normal. Existía un diagnóstico de retraso mental desde el nacimiento y una historia de privaciones de todo tipo cuyos efectos escapaban a los conocimientos y experiencia de los médicos y psicólogos que la atendieron.

Casos más corrientes, como los de niños sordomudos que entran en contacto con el lenguaje de signos más allá de la edad en la que los niños aprenden el lenguaje verbal, han mostrado alguna deficiencia en el aprendizaje, más grave cuanto mayor es el niño. Parece, pues, que si bien no podemos hablar de un período concreto tras el cual el aprendizaje es imposible, sí podemos hacerlo de ciertas restricciones que aparecen con la maduración biológica y que quizás inician la cuenta atrás en el momento mismo del nacimiento.

Éstas son las restricciones biológicas que han llevado a muchos lingüistas a defender que también en el caso de segundas lenguas o lenguas extranjeras cuanto más joven se aprenda, mejor. Es obvio, sin embargo, que en el caso de una segunda lengua el individuo ya ha aprendido la primera en circunstancias normales y que la manera en que se aprende la nueva lengua es también muy importante.

«Los niños son como esponjas»
Seguro que hemos leído u oído esta afirmación más de una vez. En ella se expresa normalmente la admiración por la manera en que los niños y las niñas son capaces de aprender —en el caso

que nos ocupa— un idioma. Pero reflexionemos sobre las circunstancias en que se da lo que parece un milagro a través de las tres situaciones más normales de aprendizaje de una segunda lengua.

Situación 1: inmersos totalmente en el idioma

El caso más típico es el de una familia que por motivos laborales se traslada a un país donde se habla una lengua distinta a la familiar. Al cabo de unos años los hijos de la familia hablarán sin ningún acento y posiblemente no se les reconozca como extranjeros. Los padres, en cambio, habrán adquirido un mayor o menor dominio de la lengua, pero serán fácilmente reconocibles como personas extranjeras o con diferente lengua materna.

Esta diferencia entre niños y adultos parece corroborar la hipótesis de que existe una barrera de edad, antes de la cual aprender una lengua es algo «instintivo» y natural, y a partir de la cual se pierde la capacidad natural y sólo se consiguen resultados mediocres con el esfuerzo y el estudio. Pero esto sólo es parte de la historia, como veremos más adelante.

Situación 2: inmersos en la escuela

Otra situación en la que los niños maravillan por sus logros es la que comporta asistir a una escuela en la que la lengua no sea la materna, normalmente escuelas extranjeras en las que los niños conviven con hijos de familias extranjeras cuya lengua materna coincide con la lengua de la escuela. En ese tipo de contexto los niños se ven forzados desde el principio a comunicarse en la lengua extranjera, tanto con los profesores como con otros niños. De esta manera llegan también a dominar el idioma de manera excelente y a poseer las ventajas de las personas bilingües.

Situación 3: clases de lengua extranjera

Pero ¿hemos oído o sentido alguna vez que los niños estaban absorbiendo un idioma de igual manera cuando se trata de las clases de idioma extranjero de la escuela normal? No parece que éste sea el caso. Por el contrario, el afán que muestran los padres por que sus hijos sigan cursos extraescolares de idiomas, bien en el propio centro o en la academia de la esquina, parece reflejar un sentimiento de insatisfacción y de frustración por la poca absorción de las supuestas «esponjas». Incluso cuando, como en la actualidad, el idioma extranjero se empieza a aprender a edad más temprana en la escuela.

Entonces ¿qué ha cambiado? Un análisis de las tres situaciones que hemos planteado nos puede ayudar a reconocer el trigo de la paja, el mito de la realidad. Veamos qué tienen de distinto estas tres situaciones. En primer lugar aquí conviene realizar una distinción terminológica entre la adquisición de una *segunda lengua*, como en la primera situación, es decir, el aprendizaje de una lengua que no es la materna o familiar pero que se habla en la comunidad (en la calle, en la televisión) y la adquisición de la *lengua extranjera*, como en la segunda y la tercera situación, es decir, el aprendizaje de una lengua que no se habla en la comunidad (ni en la calle ni en la televisión). ¿Qué otras diferencias encontramos? No la edad, y tampoco las capacidades de los niños. Pero sí las oportunidades de aprender y practicar la lengua, los usos para los que se utiliza y el tiempo durante el cual se está en contacto con ella.

Aprender un idioma es cuestión de edad y mucho más

En la primera situación los niños de la familia que ha cambiado de país de residencia seguramente estarán unas diez horas al día como mínimo inmersos en el idioma. En la escuela los maestros y los compañeros les hablarán en el idioma propio del país. Tendrán que esforzarse por entender las indicaciones de los adultos para poder participar de las actividades de clase y las de sus compañeros para poder participar en los juegos del recreo. En la televisión verán los mismos programas infantiles que ven sus amigos y posiblemente jueguen también con sus vecinos, y todo ello usando la segunda lengua. En estas circunstancias los niños son como esponjas, ciertamente, absorbiendo la nueva lengua de manera similar a como absorbieron su lengua materna, mientras se comunican y juegan. No necesitan tener la intención de aprenderla, esforzarse por hacerlo. Simplemente sucede. Y aquí podemos sospechar de la existencia de alguna ventaja de los niños más jóvenes para el aprendizaje de una segunda lengua. Pero observamos que esta ventaja se da acompañada de ocasiones infinitamente distintas para usar la lengua y de muchísimo más tiempo en contacto con ella.

Por otro lado, los adultos de la familia pueden tener un grado de contacto con la lengua muy diferente tanto en el trabajo como en el tiempo libre. En el trabajo no es lo mismo estar rodeado de personas que hablan el idioma y verse obligado a defender puntos de vista o llegar a acuerdos verbalmente, que trabajar en una cadena de producción y sólo necesitar atender a instrucciones rutinarias, o realizar las tareas del hogar en solitario. Está claro que el aprendizaje lingüístico se producirá más fácilmente en el primer contexto laboral, con mayores necesidades lingüísticas, que en el segundo. Tampoco es lo mismo disfrutar del tiempo libre relacionándose socialmente con personas oriundas de la misma comunidad lingüística, que con personas del nuevo país, nativas de la lengua y poseedoras de las claves culturales en las que la lengua está inmersa. Éstos y otros factores de tipo individual y social afectarán al grado de dominio que los adultos consigan en la nueva lengua, aunque para alcanzar un buen nivel deberán sumar al contacto y la interacción intensos con los hablantes de la lengua la intención de aprenderla y la motivación necesaria. Y recordemos que la verdadera motivación va acompañada de esfuerzos persistentes, como podría ser, en este caso, el estudio de la lengua.

En la segunda situación las horas en que los niños están en contacto con la lengua se limitan normalmente a las del horario escolar, pero todavía hablamos de unas ocho horas diarias en las que los niños llevarán a cabo actividades pedagógicas y lúdicas de todo tipo en la lengua no nativa. Intentarán entender las explicaciones de matemáticas o de ciencias sociales y que estas explicaciones se den en la lengua extranjera será secundario; se esforzarán por hacer resúmenes y por elaborar o memorizar definiciones y clasificaciones, y lo harán simplemente en la lengua de trabajo; pactarán lazos de amistad y protección mutua con otros compañeros, o declararán antagonismos eternos, y lo de menos será la lengua en que lo hagan. En estas circunstancias alcanzarán también muy buenos resultados, aunque el dominio puede variar en función de, por ejemplo, la cantidad y el tipo de ocasiones para usar la lengua de que dispongan fuera de la clase o del centro escolar, que no deja de ser un contexto limitado.

En la tercera situación el contacto con la lengua extranjera es comparativamente mínimo, casi inapreciable. Por tanto, si la esponja no está inmersa en agua, poco podrá absorber. En este caso parece evidente que los niños no podrán actuar sólo como esponjas absorbiendo el líquido a su alrededor, sino que deberán, primero, tener la intención de aprender y, después, realizar los esfuerzos necesarios, es decir, estudiar. Aun así, en comparación con los alumnos mayores, los niños pueden encontrar más fácil comprender el lenguaje oral e imitarlo si las clases tienen una orientación que posibilita este tipo de prácticas. No obstante, saldrán comparativamente mal parados de actividades en las que se requiera análisis y reflexión sobre, por ejemplo, las normas gramaticales del idioma.

> Si la esponja no está inmersa en agua, poco podrá absorber.

Existe una tribu en la selva amazónica cuyos hombres y mujeres deben casarse con hablantes de una lengua distinta a la propia, es decir, que el aprendizaje de una segunda lengua es la puerta obligada a la vida matrimonial adulta.

En la situación anteriormente analizada, de aprendizaje en el aula, ser mayor tiene sus ventajas. Los estudios que han comparado el aprendizaje de una lengua extranjera en la escuela en personas de diversas edades han mostrado que los adolescentes y los adultos jóvenes son más rápidos que los niños en casi todos los aprendizajes lingüísticos (con la posible excepción de la comprensión auditiva y la imitación de sonidos). Ello es así porque aquéllos cuentan con capacidades cognitivas más desarrolladas, que les permiten un grado superior de análisis y manipulación de la lengua que están aprendiendo. Cuando se trata de un aprendizaje intencional, diferente del del niño que aprende sin notarlo, los aprendices adolescentes y adultos tienen mayores recursos para operar sobre la lengua.

Claro que ya no nos sorprenderán con un milagro similar al de las esponjas. En comparación con los niños son más eficientes, es decir, necesitan menos tiempo para alcanzar resultados similares, pero en circunstancias normales les costará mucho desprenderse del acento que les delata como no nativos. Además, si el contacto con el idioma es ilimitado y se extiende en el tiempo, como en la situación de inmersión, los niños, como la tortuga del cuento, avanzarán a la liebre.

> En una situación de inmersión, el niño es la tortuga y el adulto la liebre.

Veamos en el cuadro siguiente un resumen de las ventajas de unos y otros.

> Ventajas de los niños
> Alcanzan un dominio de la lengua superior si disponen de un contacto ilimitado con la lengua y sus hablantes.
>
> Ventajas de los adolescentes y adultos
> Aprenden a un ritmo superior, especialmente en las primeras etapas del aprendizaje lingüístico.

EMPEZAR A APRENDER UN IDIOMA EXTRANJERO: ¿CUANTO ANTES MEJOR?

Aquí nos topamos con la gran paradoja de nuestros días. Si preguntamos a los padres de niños en edad escolar, se da una gran coincidencia en expresar que «cuanto antes mejor». Incluso aquellos que ya llevan a sus hijos a clases «anticipadas» de idioma y no observan adelantos espectaculares depositan sus esperanzas en el futuro. Su convencimiento de que los niños son como esponjas les lleva a creer, sin lugar para la duda, que más adelante ya se notará lo que ahora están absorbiendo.

Esta gran fe parece alimentada por la frustración que experimentan muchos de estos padres al no dominar bien una lengua extranjera, especialmente el inglés. El inglés sí que es la asignatura pendiente de nuestra generación adulta contemporánea, el buen propósito con el que se regresa de las vacaciones de verano o con que se inicia el año nuevo. Como me decía un empresario de cursos de inglés de verano en el extranjero: «Mis clientes son los padres, y no sólo porque pagan». A esta gran frustración alimentada en los años adultos por cursos iniciados y nunca o mal acabados, se le suma la creencia en los niños-esponja. Pero esta creencia, como veíamos, proviene de dos situaciones específicas y no es plenamente generalizable a la situación más normal en la que los niños tienen una asignatura de idioma extranjero en la escuela o en el instituto dos o tres veces por semana.

Sin embargo, ello no nos ha de llevar a prescindir de un inicio temprano, especialmente porque las necesidades del entorno europeo en que nos movemos hoy en día son cada vez mayores y la buena formación de los jóvenes de la Unión Europea contempla no ya una, sino dos lenguas extranjeras. Además, a los niños les es más fácil aceptar las diferencias que comporta otra lengua y cultura, pues, entre otras cosas, la estructura de su personalidad no está todavía tan fuertemente fijada como la de un adulto y tampoco sienten su incipiente personalidad amenazada por los cambios, como puede sentir un adolescente. Conviene saber, sin embargo, que un inicio temprano no es garantía suficiente del buen aprendizaje de un idioma si no se dan otras circunstancias como:

- un contacto intenso y mantenido con el idioma,
- un énfasis en la comunicación verbal,
- un enfoque adecuado a la etapa madurativa de los niños.

A modo de resumen de esta sección, veamos ahora las ventajas de aprender una lengua extranjera en un medio escolar (o en una academia) a diferentes edades.

Características positivas de los niños alumnos
— No se sienten ridículos repitiendo a coro, lo que les posibilita aprender correctamente los sonidos y la entonación de la lengua.
— No se sienten inhibidos y se arriesgan fácilmente a usar la lengua para comunicarse, aunque no la dominen bien.
— Si tienen suficiente contacto con la lengua, pueden alcanzar niveles muy altos, especialmente de pronunciación.

— Memorizan con facilidad bloques de palabras, frases rutinarias, que les permiten comunicarse.
— Tienen mucho tiempo por delante para aprender y practicar.

Características positivas de los adolescentes
o adultos alumnos

— Son capaces de analizar las expresiones que encuentran en el idioma y encontrar las regularidades del sistema.
— Son muy rápidos y eficientes, de manera que en poco tiempo y con un curso adecuado pueden conseguir un nivel aceptable en un idioma (aunque los adultos de más edad pueden ver reducida su capacidad memorística).
— Los adolescentes suelen estar motivados por la comunicación con jóvenes de otros países. Los adultos pueden estar motivados por cuestiones laborales y dispuestos a hacer los esfuerzos necesarios, sin malgastar el tiempo.
— Pueden utilizar las habilidades de lectura y escritura que han aprendido en su lengua materna en el nuevo idioma desde el principio.
— Son capaces de reflexionar sobre la lengua y de utilizar su lengua materna u otras lenguas para aprender una nueva.

CONTEXTOS DE APRENDIZAJE

La cuestión de la edad nos ha llevado a reflexionar sobre el mejor momento para aprender una lengua y las ventajas relativas de cada edad. En esta sección trataremos de las diferentes situaciones en las que se puede producir el aprendizaje: sólo comunicándose con hablantes nativos, en el aula, en el laboratorio multimedia, en casa y de visita en el país extranjero.

Aprendizaje «natural»

En un contexto natural el aprendizaje es principalmente el resultado de interactuar con otros hablantes de la lengua y de escuchar a otros hablantes en distintas situaciones. Éste es el caso de muchos inmigrantes, personas adultas, que no han asistido a clase. Los resultados varían mucho dependiendo de las aptitudes personales, pero por regla general se consigue una mayor fluidez que en un contexto escolar, es decir, el habla «fluye» de manera más automática y natural. Por otro lado, también en comparación con el aprendizaje en el aula, el habla contiene más errores gramaticales. En muchas ocasiones, el aprendizaje natural permite un buen dominio de la lengua, suficiente para comunicarse sin problemas, pero no un dominio excelente. Además, si los errores que se cometen no impiden la comunicación, estas personas pueden habituarse a ellos y los errores tenderán a «fosilizarse», es decir, a perpetuarse.

En un contexto de aprendizaje natural de una segunda lengua son muy importantes factores como las actitudes que se tienen con respecto a la comunidad de acogida, sus valores y su cultura. Los sentimientos de admiración y simpatía refuerzan la motivación por aprender. Por el contrario, los sentimientos de rechazo pueden llevar, incluso de manera inconsciente, a buscar la distancia, a intentar no confundirse con ellos y, por tanto, a experimentar dificultad para adoptar su lengua. Por otro lado, los sentimientos de solidaridad hacia el propio grupo pueden actuar como filtro. Todos conocemos casos de personas que no han perdido el acento de su lengua materna a pesar de los muchos años transcurridos. Parece incluso que lo exhiban con orgullo, como seña de identidad.

Algunos estudios demuestran que el tiempo transcurrido desde la llegada a la comunidad de acogida determina el dominio de la segunda lengua durante los cinco primeros años de residencia. Es decir, que una persona que ha llegado hace cuatro años y medio tendrá un mejor dominio lingüístico que una que ha llegado hace sólo tres. Sin embargo, a partir del quinto año, aproximadamente, hay otros factores que inciden con mayor fuerza en el nivel final que se conseguirá. Uno de ellos es la edad con que se llegó a la comunidad de la segunda lengua. Y aquí sí que los niños tienen una ventaja sobre los adultos y consiguen alcanzar un dominio de la lengua que muchas veces se confunde con el dominio de los nativos. Otros factores son las oportunidades que se tienen para usar la lengua, la frecuencia de uso, la diversidad de situaciones en las que se usa y, como veíamos, la integración afectiva con los hablantes nativos de la lengua en cuestión, es decir, con la comunidad de la segunda lengua.

Los logros finales superiores de los niños en estas circunstancias no se deben solamente a la edad sino también al hecho de que tienen la oportunidad de asistir a la escuela y recibir educación en la segunda lengua. Si los niños son muy jóvenes, incluso puede suceder que se aprenda a leer y escribir en esa misma lengua. Cuando el aprendizaje natural se ve complementado con una enseñanza escolar, los resultados son óptimos, puesto que a la fluidez que aporta el primero se le suma la corrección gramatical y la complejidad lingüística que aporta el aprendizaje formal. Además, se ha observado que la enseñanza acelera el ritmo de la adquisición lingüística, de manera que adolescentes y adultos también se benefician de la enseñanza formal, aunque, en el caso de los adultos, difícilmente será tan intensa ni tan extensa en el tiempo.

Aprendizaje «formal»

El aprendizaje en el aula tiene como componente esencial la figura del profesor. Éste da explicaciones, organiza la práctica de los alumnos y evalúa el aprendizaje dando información al alumno sobre el progreso general, así como sobre los errores, aciertos y lagunas que pueda observar. Estos toques de atención del profesor son esenciales para que un error no se «fosilice» de manera permanente y la lengua del alumno progrese en su acercamiento al modelo nativo. Por ello suele conseguir un buen nivel de corrección gramatical, en comparación con el aprendizaje natural, aunque no se obtenga una gran fluidez.

Otra ventaja del aula reside en la posibilidad de interactuar en la lengua extranjera con los compañeros y en aprender oyéndoles hablar con el profesor o con otros compañeros. Aunque es cierto que el aula tiene unos límites físicos y temporales muy precisos, un buen profesor sabe enriquecerla incorporando situaciones variadas para la práctica.

Además del aula tradicional en la que se imparten clases de idioma, existen hoy en día sistemas escolares para niños y adolescentes de inmersión total o parcial. En el primero, de inmersión total, todas las asignaturas se imparten en la lengua extranjera. En el segundo, de inmersión parcial, se imparten una, dos o más asignaturas en esa lengua (por ejemplo, ciencias naturales y educación física), además de las clases de idiomas propiamente. Evidentemente este aprendizaje formal se ve complementado y optimizado por el uso intensivo de la lengua para realizar tareas de comprensión, retención y expresión de conocimientos académicos.

Cuando el aprendizaje formal se realiza sólo en el aula de idioma, es muy conveniente, para conseguir mayor fluidez, realizar estancias en el extranjero o, en su defecto, buscar el contacto intenso con hablantes de la lengua extranjera. Diversos estudios han demostrado que las estancias en el extranjero aceleran también el ritmo de adquisición lingüística y aumentan especialmente la velocidad del habla y el dominio oral. También se ha observado que el mayor beneficio de un contacto intenso con la lengua, proporcionado por estas estancias, lo obtienen las personas con un nivel lingüístico más bajo. Eso no quiere decir que si usted dispone ya de un nivel intermedio o alto no pueda beneficiarse, pero el adelanto es menos espectacular. Probablemente las estructuras y el vocabulario que aún no domina sean menos frecuentes y difíciles de encontrar y practicar.

Las clases individuales

Las clases individuales son una buena solución tanto para personas con horarios irregulares como para alumnos con una preferencia por el trabajo individual por encima del trabajo grupal, para alumnos avanzados que tienen muy localizadas las áreas que deben mejorar o para personas cuyo dominio de la lengua es muy bueno en ciertas áreas pero tienen grandes deficiencias en otras. En resumen, para un trabajo individualizado a la medida.

Las clases individuales proporcionan posibilidades de interacción sólo con un interlocutor y también conviene complementarlas con estancias en el extranjero.

Las estancias en el extranjero

Las estancias en el extranjero complementan, como hemos visto, el aprendizaje formal en grupo o con profesor particular. Proporcionan una gran dosis de contacto con el idioma y además este contacto es de la mejor calidad. Por un lado, permiten «bañarse» en la lengua, de manera que tras las primeras horas de necesaria habituación, la comprensión se hace más fácil, se utilizan los conocimientos propios de una forma cada vez más fluida y automática y se incorporan más fácilmente los nuevos elementos lingüísticos. Son también esenciales para aprender a usar la lengua en todo tipo de situaciones y aprender, por ejemplo, qué expresiones son adecuadas en situaciones formales, con personas desconocidas o a las que se les debe trato de respeto, y en situaciones informales, con personas amigas o en situaciones simétricas de poder.

Las estancias en el extranjero mejoran de manera especial la fluidez del habla y convienen en todas las etapas del aprendizaje, aunque los resultados más visibles se obtienen en los niveles más bajos, que ven acelerado el ritmo de aprendizaje en mayor medida.

Recursos multimedia

En la actualidad existe una amplia gama de recursos multimedia que pueden suponer una gran ayuda en el aprendizaje de un idioma. Ya no se trata del laboratorio tradicional, en el que el alumno se ponía unos auriculares y sólo se fomentaba la repetición, aunque ésta pudiera ser muy efectiva para mejorar la pronunciación y la entonación. Hoy en día podemos encontrar cursos multimedia interactivos mucho más interesantes y completos, por ejemplo en soporte CD-Rom o DVD y con una gran variedad de componentes. Uno de ellos suele consistir en ejercicios con sonido en los que ya no se oye siempre la misma voz, neutra en cuanto a acentos regionales o marcas sociales que se oía en el laboratorio tradicional, sino una variedad de voces y registros (desde el vendedor del mercado hasta el Primer Ministro). El alumno puede también grabar sus propias palabras y su pronunciación es analizada y evaluada por el programa de manera que puede practicar hasta conseguir una pronunciación más correcta. Otro importante componente de este tipo de cursos consiste en secuencias de vídeo, muchas veces grabadas especialmente con fines pedagógicos, otras extraídas de la vida cotidiana. El alumno suele contar también con ayudas contextuales que le ayudan a comprender las tareas, y diccionarios monolingües o bilingües sonoros.

Estos recursos son especialmente interesantes para el trabajo individual, puesto que permiten que el alumno trabaje a su propio ritmo decidiendo la intensidad y la frecuencia de repetición y controlando su propio aprendizaje. También pueden ser complementos de la clase, contando con las orientaciones del profesor y con el fin de fomentar la autonomía del alumno y de enseñarle a aprender.

En estos momentos están cobrando mucho auge los cursos no presenciales de idioma: la enseñanza virtual. Con las nuevas tecnologías, una persona puede seguir un curso de lengua desde un ordenador conectado a Internet en su casa o despacho. La gran ventaja de esta modalidad de curso es que no impone limitaciones en cuanto a:

- *horario*: cada persona puede conectarse el día y hora que le vaya bien, sea de madrugada o durante el fin de semana;
- *calendario*: el calendario abierto permite interrupciones del aprendizaje durante un tiempo, así como progresiones muy rápidas, según el tiempo que tenga cada persona;
- *lugar de residencia*: pueden seguir el curso personas que viven en lugares alejados de los centros educativos sin necesidad de desplazarse;
- *edad*: el mismo curso lo pueden seguir personas muy jóvenes y personas mayores, sin que ello provoque falta de sintonía, como puede suceder en un aula.

Además, y a diferencia de los cursos a distancia tradicionales, no sólo se puede acudir a ellos cuando por diversas razones no se puede asistir a los cursos presenciales, sino que esta opción puede responder a la búsqueda de eficacia y flexibilidad.

No hay que olvidar, sin embargo, que una condición indispensable de este tipo de aprendizaje es que el alumno tiene que estar dispuesto a disciplinarse y llevar a cabo un plan de trabajo personal sistemático. Al realizar el trabajo individualmente se requiere tesón, dedicación y esfuerzo suplementarios para compensar el sentimiento de soledad y de aislamiento que se puede experimentar y que pueden conducir al abandono. En una variante mixta de cursos presenciales y no presenciales, los alumnos se reúnen con un profesor o tutor periódicamente. Estos encuentros, además de servir para realizar tutorías, humanizan el duro proceso individual del aprendizaje.

La interactividad de estos cursos es, también, un gran atractivo. El profesor se comunica con todos los alumnos de manera colectiva cuando imparte instrucción o propone tareas, y de manera individual contestando a cada alumno. Los alumnos también se comunican con el profesor individualmente, mediante mensajes electrónicos, y en algunos casos también con el grupo, o en red cuando todos los participantes se comunican simultáneamente. Paradójicamente, muchos alumnos encuentran más fácil participar en la comunicación con el profesor y el grupo de esta manera que en una conversación cara a cara en el aula. Es decir, que se sienten menos inhibidos y más cómodos escribiendo el mensaje desde su casa que tomando la palabra en medio de la clase y, por ello, su participación aumenta.

Tanto los cursos multimedia como los sistemas de formación a distancia con el uso de tecnologías de la información proporcionan una gran flexibilidad y posibilitan el acceso al aprendizaje de personas que por discapacidad física o problemas de distancia u horario, o incluso económicos, no podían asistir a cursos de idiomas. Éste es, afortunadamente, un efecto positivo de la globalización, que ha introducido facilidades envidiables y deseables por aquellos que debieron aprender un idioma sólo a través del libro y la ayuda de un profesor.

> El canal de comunicación de Internet es flexible, permite la interactividad y el aprendizaje autónomo.

Practicar por Internet

Además de los cursos en sí, las nuevas tecnologías permiten un sinfín de ocasiones para practicar el idioma por medio de la *World Wide Web* (www). A través de ella se puede tener acceso a infinidad de textos escritos, así como a lenguaje oral (acompañado también de vídeos) sobre las más variadas temáticas, especialmente cuando se trata de las lenguas de uso más internacional, como el inglés. Y en la red no sólo se encuentra una exposición ilimitada a la lengua. Existen organizaciones que cuentan con secciones para practicar el idioma con ejercicios interactivos y que disponen de foros en los que comunicarse con otros usuarios de cualquier rincón del mundo y aprender y practicar el idioma mediante mensajes electrónicos. A modo de ejemplo, una organización británica dispone de un foro de debate en inglés de 2.800 miembros de ochenta y cinco países distintos, de manera que cada subscriptor puede recibir unos veinte mensajes electrónicos al día, y las cifras van en aumento. El grupo trata sobre los más variados temas, desde los últimos modelos de coches que se comercializan en los distintos países hasta la celebración de fiestas tradicionales o las noticias internacionales más impactantes, pero el lazo de unión es el interés por aprender el inglés. Muchos de los mensajes plantean preguntas sobre la lengua, por ejemplo, alguna expresión que no se acaba de entender, a las cuales otras personas, ya sean nativas o no, intentan proporcionar una explicación; en algunos casos el moderador del debate confirma la respuesta correcta. En los foros y los *chats* (palabra inglesa que significa «charla» y que en este contexto se refiere a una conversación electrónica en tiempo real) se usa la lengua en situaciones naturales y para fines reales, por lo que se aprende un vocabulario muy variado y se practican las destrezas de escritura, aunque el lenguaje de los mensajes electrónicos también posee ciertas características del lenguaje oral, como son la espontaneidad y la informalidad. En especial el lenguaje de los *chats*, al tratarse de conversaciones en tiempo real, suele ser extremadamente coloquial y las intervenciones de los participantes acostumbran a ser muy cortas y espontáneas, al no haberse dispuesto de ocasión para la revisión o la corrección.

Para quien prefiere la conversación con otra persona en vez del tumulto del grupo, existen también sitios en Internet en los que se ofrece la posibilidad de un intercambio de conversación por medio de mensajes electrónicos. En los intercambios, cada uno de los interlocutores es hablante nativo de la lengua que el otro interlocutor está aprendiendo. Siguiendo la pauta clásica de los intercambios en directo, se puede alternar de lengua entre mensajes o en el mismo mensaje.

Con Internet se puede practicar el idioma desde el ordenador de casa, del trabajo, o sentado en un cibercafé.

CURSOS A MEDIDA

Esta revisión de los diversos contextos en los que se puede aprender un idioma debería permitirle realizar la siguiente actividad. Se trata de valorar qué tipo de curso le conviene más a los personajes que se presentan a continuación. Reflexione sobre cada caso a partir de la información de la ficha y compare sus propuestas con las recomendaciones que se ofrecen.

Primer caso:

Nombre: Ana Pérez.
Edad: 41 años.
Profesión: bibliotecaria.
Nivel de idioma: intermedio.
Horario: trabaja en jornada de mañana y tarde.
Otra información: tiene dos niñas de corta edad. Le gusta mucho aprender idiomas.

Segundo caso:

Nombre: Javier Sans.
Edad: 27 años.
Profesión: taxista.
Nivel de idioma: principiante.
Horario: trabaja en horario nocturno.
Otra información: le gustaría poder especializarse en el transporte de turistas.

Tercer caso:

Nombre: Miguel Ruiz.
Edad: 32 años.
Profesión: empleado de banca.
Nivel de idioma: principiante.
Horario: trabaja en jornada intensiva.
Otra información: vive solo y dispone de tiempo libre.

Cuarto caso:

Nombre: Susana Martí.
Edad: 50 años.
Profesión: comercial.
Nivel de idioma: intermedio.
Horario: está de baja laboral.
Otra información: está convaleciente de un accidente de tráfico y no puede moverse de casa. No dispone de conexión a Internet.

Quinto caso:

Nombre: Jorge Artigas.
Edad: 25 años.
Profesión: administrativo.
Nivel de idioma: falso principiante.
Horario: en paro.
Otra información: el conocimiento del idioma le permitiría presentarse a unas oposiciones.

Sexto caso:

Nombre: Luis Rodríguez.
Edad: 19 años.
Profesión: estudiante de Química.
Nivel de idioma: avanzado.
Horario: mañana y tarde con muchos espacios intermedios.
Otra información: aspira a trabajar en una multinacional del sector.

Séptimo caso:

Nombre: Teresa Guillén.
Edad: 38 años.
Profesión: directora de marketing.
Nivel de idioma: intermedio.
Horario: todo el día.
Otra información: no tiene tiempo para asistir a cursos. Considera que todo su departamento debe mejorar en conocimiento de idiomas.

Octavo caso:

Nombre: Laura Cuevas.
Edad: 3 años.
Profesión: hija.
Nivel de idioma: principiante.
Horario: de educación infantil.
Otra información: a sus padres les gustaría que empezara a aprender inglés.

Propuestas y recomendaciones

Primer caso:

A Ana le conviene especialmente un curso no presencial por ordenador. En primer lugar porque su horario de trabajo y su poco tiempo libre no le permitirían asistir regularmente a un curso presencial. Pero además Ana tiene la gran ventaja de disponer de ordenadores con conexión a Internet en su trabajo. Así puede aprovechar el espacio del mediodía o alargar un poquito el horario en la biblioteca y aprender un idioma sin realizar grandes esfuerzos. Un complemento ideal en su caso lo podría encontrar en un intercambio de conversación con un estudiante extranjero, y la biblioteca es un buen lugar para encontrarlo. La norma habitual en este tipo de intercambios es hablar media sesión en una lengua y la otra media en la otra, o un día en cada lengua. Se trata de una forma muy amena y económica de realizar prácticas de conversación en un idioma.

Segundo caso:

Javier tiene todas las tardes libres y, por tanto, no ha de tener problemas para matricularse en un centro de idiomas con este horario. Le conviene encontrar un curso en el que se primen las habilidades comunicativas orales, que son las que a él más le interesan. Con una metodología comunicativa en clase puede tener oportunidades de practicar el idioma extranjero simulando situaciones cercanas a las que él vive en su profesión. Además se beneficiará de participar en actividades y tareas en clase en las que se dé un intercambio de opiniones sobre algún tema o se practiquen las fórmulas de cortesía habituales. Javier también puede contar con la ventaja de que puede poner esas fórmulas y expresiones a prueba con sus clientes sin preocuparse excesivamente de que no le salgan muy bien al principio, puesto que siempre tendrá clientes distintos a los anteriores, con los cuales practicar de nuevo.

Tercer caso:

Miguel tampoco tiene problemas de horario, así que puede seguir un curso en un centro de idiomas por las tardes. Como dispone de abundante tiempo libre, le puede interesar especialmente un centro que le ofrezca actividades complementarias como pases de películas, que cuente con una pequeña biblioteca y con una sala de ordenadores donde pueda también realizar prácticas guiadas. Es muy posible que a Miguel le interese conseguir una promoción en el trabajo a través de un buen dominio del idioma extranjero. Podría acceder a la sección de extranjería en la oficina central, para lo cual le conviene practicar las habilidades comunicativas orales. Pero, a diferencia de Javier, también le interesa conseguir un buen dominio de la lengua escrita para poder leer documentos y, de vez en cuando, redactarlos.

Cuarto caso:

Susana debe ponerle al mal tiempo buena cara y aprovechar el largo período de inactividad laboral que le espera para, por fin, volver a encontrarse con el idioma que hace tantos años que tiene abandonado y para el que nunca encontraba tiempo ni oportunidad. No puede salir de casa pero dispone de un ordenador que, aunque no está conectado a Internet, le puede ser de mucha utilidad. Puede empezar con un curso multimedia en CD-Rom y avanzar muy rápido, ya que dispone de muchas horas al día. Es posible que más adelante eche de menos la interacción con otras personas; en ese caso le irían muy bien algunas clases particulares con un profesor con el que poner a prueba todo lo que ha aprendido y tener conversaciones interesantes en el idioma extranjero.

Quinto caso:

Jorge es un «falso principiante», lo cual quiere decir que ya ha empezado a aprender el idioma con anterioridad en más de una ocasión. Como Susana, también está inactivo laboralmente en estos momentos, así que debe aprovechar el tiempo para dar un gran impulso al estudio del idioma. Si lo hace tendrá buenas probabilidades de aprobar las oposiciones que le permitirían tener un puesto de trabajo apetecible. Dada su condición de «falso principiante», sería conveniente que se embarcara en un curso intensivo, en el que, tras un período inicial en el que todo le «sonaría», pronto se encontrara con elementos nuevos. Esto le daría la sensación de que está avanzando, que no todo es igual que otras veces y le ayudaría a mantener o incluso aumentar su motivación.

Sexto caso:

Luis ya tiene un nivel de idioma bastante avanzado. En estos momentos le interesaría especialmente un curso de idioma con fines específicos en el que pudiera conocer los elementos, palabras y expresiones, de más utilidad en el campo de la Química. Ello le posibilitaría tener acceso a artículos y libros sobre su especialidad escritos en lengua extranjera, así como asistir a seminarios y congresos de su campo. Además del curso que probablemente podrá encontrar en su universidad, en sus ratos libres entre clases y prácticas puede ir a la biblioteca y conectarse a Internet para leer y practicar. Es posible que le interese subscribirse a un *chat* en el que intercambiar mensajes con jóvenes de otros países, o a un foro dedicado a temas de su especialidad. También le puede ir muy bien realizar una estancia en el extranjero durante el verano.

Séptimo caso:

Teresa hará bien en organizar cursos de idioma para ella y las personas de su departamento que tengan lugar en la propia empresa. Este tipo de formación se conoce con la denominación inglesa *in company* («en la empresa») y se está convirtiendo en una de las opciones preferidas por las organizaciones para la formación continua de sus empleados. El curso se podrá adaptar a la disponibilidad horaria de Teresa y los otros alumnos, así como a sus necesidades específicas. Puede ser, por tanto, un curso en el que se trabaje especialmente el tipo de lenguaje utilizado en el ámbito del marketing, a partir de los textos orales y escritos producidos en esta especialidad. Si existen diversos niveles y suficientes alumnos, será conveniente planificar un programa «a medida» en el que se pueda avanzar de curso y así dar continuidad al aprendizaje.

Octavo caso:

Ni el padre ni la madre de Laura dominan el inglés y tienen el sentimiento de que ello les ha cerrado algunas puertas en su vida profesional y social. Por eso están muy interesados en que su hija empiece a aprender inglés cuanto antes y están dispuestos a pagar algo más por su educación. La recomendación en este caso es buscar un centro escolar en el que los niños estén en contacto con el idioma varias horas al día y se garantice la continuidad a lo largo de la educación infantil, primaria y secundaria. Puede ser un centro extranjero, aunque no necesariamente, puesto que ahora existen centros escolares (normalmente privados o concertados) que ofrecen una inmersión parcial. En estos casos los niños trabajan en el idioma extranjero durante unas horas diarias y el resto en la lengua materna (o lenguas, si se trata de una comunidad bilingüe). Esta opción puede satisfacer el deseo de los padres de que su hija consiga un buen dominio de la lengua desde muy joven. Otras opciones, como el inglés extraescolar dentro o fuera del colegio, son menos recomendables porque normalmente no garantizan la conveniente continuidad. Al final la familia acaba gastando bastante dinero sin que el beneficio sea todo lo bueno que cabría esperar.

4
50 RESPUESTAS A 50 PREGUNTAS

Es posible que el lector todavía no haya encontrado reflejadas en este libro todas sus inquietudes acerca del aprendizaje de un idioma. Por si es así, y porque viene bien recordar cuestiones que son importantes, aquí van 50 preguntas con sus correspondientes respuestas.

¿Cuántas horas son necesarias para aprender un idioma?
Los expertos consideran que son necesarias 1.200 horas de clase para obtener conocimientos básicos en una lengua y 5.000 para conseguir un muy buen dominio. Pero, sin esperar tanto, un adolescente o un adulto con tres o cuatro horas de clase semanales durante tres años conseguirá un nivel suficiente para empezar a funcionar en la lengua. Los niños menores de 10 años necesitarán más tiempo para ello.

¿Es mejor dedicarle muchas horas pocos días o bien muchos días pocas horas?

Un aprendizaje intensivo parece que da muy buenos resultados, aunque después se debe mantener a buen ritmo. Lo mejor es muchas horas muchos días.

¿Es mejor aprender solo o en grupo?

Depende de las características de la personalidad de cada uno. Una persona muy tímida puede sentirse más incómoda tratando de hablar delante de varias personas que delante sólo del profesor. Sin embargo, generalmente es conveniente disponer de compañeros con los que interactuar y practicar ejercicios comunicativos. Además, no hay que olvidar que también se puede aprender escuchando conversaciones entre el profesor y otros alumnos y observando las explicaciones y correcciones del profesor a otros alumnos, en fin, siendo *voyeur* del intercambio pedagógico.

¿Tienes que llevarte bien con los compañeros de clase?

Tampoco podemos ser tan exigentes, pero un buen clima de entendimiento es importante para cooperar en clase y sentirnos cómodos. También se harán menos «campanas» si tenemos ganas de ir a clase porque allí nos lo pasamos bien.

¿Es posible aprender un idioma sin salir del país?

Sí que es posible, aunque ciertas destrezas no se desarrollarán de igual manera, especialmente las habilidades comunicativas orales. El uso intensivo de la lengua ayuda a automatizar los conocimientos de manera que podamos producir las palabras que necesitamos cuando las necesitamos y sin hacer esperar al interlocutor. Además, el contacto con los hablantes nativos posibilita, entre otras cosas, seleccionar «el propio repertorio» de palabras y expresiones según los repertorios que utilizan aquellos hablantes con los que más nos identificamos.

¿Se puede aprender sólo hablando, leyendo… sin estudiar?

Ciertamente, se puede aprender así sin estudiar, pero con la condición de que el contacto con la lengua sea muy, muy intenso. Y aun así, el aprendizaje de ciertas estructuras será muy lento o no se llegará a dar. Por el contrario, en una situación privilegiada con mucho contacto con la lengua, unas horas de estudio semanal pueden acelerar el aprendizaje de ciertas estructuras difíciles de adquirir. Además, sin el control externo que puede proporcionar un profesor, los errores no corregidos pueden automatizarse y «fosilizarse».

¿Es mejor tener profesores nativos?

Es mejor tener buenos profesores. Desgraciadamente algunas de las personas nativas que trabajan en esta profesión en centros no reconocidos oficialmente no tienen la preparación suficiente para enseñar su lengua. ¡En algunos casos disponen de tan pocos recursos que utilizan la lengua de los alumnos para hacerse entender mejor! Un buen profesor nativo puede tener la ventaja de ofrecer una pronunciación perfecta para imitar y un conocimiento de la lengua coloquial que es difícil de obtener si no se ha vivido un tiempo inmerso en una comunidad de hablantes nativos. Por el contrario, un buen profesor no nativo puede tener, si comparte la lengua materna de los alumnos, mayores recursos para ayudarles en los problemas que se encuentran en el aprendizaje.

¿Por qué algunos profesores no corrigen todos los errores que hacemos cuando hablamos en clase?

En principio no es ni conveniente ni eficaz corregir todos los errores. No es conveniente porque en muchos momentos lo que importa es que el alumno se esfuerce por comunicarse, y una interrupción podría detener ese proceso. Tampoco sirve para mucho si el alumno no está «preparado» para asimilar la corrección, es decir, si no está en el estadio en el que puede interiorizar la forma correcta.

¿Es cierto que lo mejor es aprender como si fuéramos niños?
De entrada eso es imposible. No podemos olvidar que ya aprendimos una lengua de niños, a través de la cual conocimos el mundo que nos rodea y lo clasificamos en conceptos en nuestra mente, y que ese aprendizaje previo no se puede ignorar ni repetir.

¿Son todos los centros que enseñan idiomas igual de buenos o de malos?
No, ni todos los profesores. Tenga mucho cuidado al escoger el centro y cámbiese de grupo si nota que no se entenderá con el profesor o que éste no le va a poder ayudar.

¿Es mejor aprender con amigos o con desconocidos?
Depende de la personalidad de cada uno. A veces uno puede sentir más vergüenza ante amigos que ante personas desconocidas. Incluso ante desconocidos puede ser más fácil incorporar una nueva identidad a través de la nueva lengua. Pero en todo caso, un clima de cooperación en la clase es absolutamente necesario para aprender y aprender bien.

¿Hay lenguas más fáciles que otras?
En esencia todas las lenguas del mundo comparten ciertas características y todas se pueden aprender de forma similar. Antes de los 5 años los niños han adquirido los rudimentos de su lengua materna independientemente de cuál sea ésta. Pero no es menos cierto que las lenguas que proceden de la misma familia comparten ciertas características que las hacen más fáciles para los hablantes de otras lenguas de esa familia. Por ejemplo, el italiano es más fácil de entender para un portugués que el japonés, y el inglés es más fácil de aprender para un holandés que para un francés. Además y al margen de las familias lingüísticas, ciertas lenguas pueden ser más fáciles en los primeros estadios del aprendizaje. Por ejemplo, al principio el inglés resulta más fácil que el francés o el español, ya que carece de la complejidad de las terminaciones de los verbos o del género de los nombres.

¿Vale la pena pasar las vacaciones de verano en un país extranjero para aprender el idioma?
Sí. Sólo se deberán tomar algunas precauciones. Por ejemplo, si se va a seguir un curso, hay que tener cuidado de no encontrarse la mayor parte del tiempo con otros alumnos que tampoco dominen la lengua y acabar todos hablando en la lengua materna o en cualquier otra menos la que han ido a aprender. La clave reside en optimizar la estancia de manera que se viva el máximo tiempo posible rodeado de la lengua que se está aprendiendo.

¿Es mejor hospedarse con una familia o en una residencia?
Posiblemente una familia bien seleccionada le aportará más y mejor práctica. Pero sea exigente, pues muchas veces el contacto personal que ofrecen puede ser mínimo o no satisfacer sus expectativas sociales.

¿Qué tal si le hablo a mi hijo recién nacido en una lengua extranjera, aunque yo no la domine bien?
No parece aconsejable para el buen desarrollo ni lingüístico ni afectivo del niño.

¿Existen pueblos con mayor facilidad para los idiomas que otros? Por ejemplo, ¿son los holandeses mejores que, digamos, los ingleses?
No hay ninguna razón genética para que unos sean mejores que otros. Cuando así parece puede deberse a la confluencia de diferentes razones, como las diferencias educativas o escolares, la motivación para aprender un idioma, o la cercanía o distancia de la lengua que se aprende respecto a la lengua materna.

¿Qué es un «falso principiante»?
El típico ejemplo de la persona que ha empezado a estudiar un idioma varias veces sin llegar a progresar más allá de un nivel muy básico. Es un principiante porque no dispone de una base sólida, pero puede desmotivarse muy fácilmente en una clase de principiantes porque todo «le suena».

¿Cómo se llega a ser un «falso principiante»?
No dedicando los esfuerzos ni el tiempo necesarios al aprendizaje de un idioma. Es decir, no tomándolo en serio la mayoría de las veces, aunque en otras ocasiones haya habido circunstancias externas o mala suerte.

¿Es bueno traducir mentalmente de tu lengua materna lo que quieres decir?
No es recomendable. Desde el principio conviene basarse en los recursos disponibles en la segunda lengua para expresarse. Así practicamos y automatizamos el sistema. Además la traducción palabra por palabra puede provocar muchos errores.

¿Es necesario ser un buen imitador para aprender la pronunciación de un idioma?
Un buen imitador tendrá facilidad de oído y de pronunciación, pero aprender una lengua implica mucho más.

¿Hace falta tener buena memoria para aprender un idioma?
Una buena memoria ayuda siempre, por ejemplo a recordar o reconocer palabras y frases hechas (con una frase hecha apropiada para la situación podemos salir de un apuro). Pero no todo es memoria en el aprendizaje de una lengua; memorizando un diccionario (método muy común en Japón hasta hace poco) no se puede llegar muy lejos... Por otro lado, la memoria es una buena aliada de los niños en el aprendizaje de un idioma, mientras que los jóvenes y adultos se sirven más del análisis de la lengua que de la memorización de bloques de palabras.

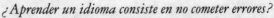

¿Aprender un idioma consiste en no cometer errores?
No exactamente. Algunos errores son inevitables y forman parte del aprendizaje, como cuando un niño pequeño dice: «Yo sabo hablar». El error nos informa de que el niño ha aprendido inconscientemente que «saber» funciona como «correr» o «comer». Sólo le falta aprender las excepciones de las reglas.

¿Tengo que olvidarme de mi lengua materna para aprender bien un idioma?

La lengua materna nos ayuda en el aprendizaje de una segunda lengua de muy diversas maneras. En primer lugar, porque ya no tenemos que empezar desde cero a aprender aquello que es común a las diversas lenguas. Además, cuando las dos lenguas son de la misma familia se dan muchas similitudes. Pero debemos vigilar que la primera no se interponga en el aprendizaje de la segunda, como cuando una persona cuya lengua materna es el español y aprende inglés dice *I have got twenty years* en lugar de *I am twenty years old*.

¿Debo estudiar las reglas gramaticales?

Algunas sí. Otras las adquirirá sin darse cuenta a través de la exposición frecuente y la práctica de la lengua.

¿Es mejor usar un diccionario monolingüe o uno bilingüe?

El uso de ambos tipos de diccionarios es conveniente. En especial es importante acostumbrarse a acudir al diccionario monolingüe, en el que las definiciones están también en la lengua extranjera, para habituarse a no traducir, a «independizar» la segunda lengua de la lengua materna.

¿Es cierto que se puede aprender una lengua por hipnosis u oyendo casetes mientras se duerme?

Llámeme si lo consigue.

¿Son importantes los deberes?

Doblemente. Primero, por la práctica que aportan, y segundo, porque le permiten seguir el curso. Si no lo sigue, rápidamente se «descolgará» y abandonará.

¿Qué es más importante, la motivación o la disciplina?

Ambas.

¿Es importante tener buen oído musical?
No parece que los músicos tengan mayor facilidad para los idiomas, contrariamente a lo que muchos piensan. Sin embargo, los buenos imitadores de acentos y voces sí que parten con cierta ventaja.

¿Son mejores las chicas que los chicos?
Eso parece. Al menos normalmente consiguen mejores notas. Sin embargo, no está claro que ello se deba a diferencias de tipo biológico, sino a factores sociales que explican que las mujeres, en general, se sientan más motivadas hacia los tipos de actividades y profesiones que implican el uso de idiomas. También se puede deber a que se identifiquen más con las profesoras de idiomas, más frecuentes que los profesores en los centros escolares. Por otro lado, las niñas son más precoces que los niños cuando aprenden su lengua materna, aunque después esta ventaja inicial desaparezca.

¿Aprender un idioma es cuestión de edad?
No. Un idioma se puede aprender a cualquier edad, y todas las edades tienen sus ventajas. El aprendizaje de una lengua extranjera es más una cuestión de tiempo.

¿Ayuda realmente ver películas subtituladas?
Mucho. Éste puede ser un gran método para aprender y practicar. Una precaución: cuando se tiene todavía un nivel muy bajo, es mejor ver películas cuyo argumento ya se conoce, o verlas repetidamente. Así nos ahorramos la tensión de estar por las dos cosas a la vez.

¿Cuándo podré decir que hablo bien un idioma y no que lo chapurreo?
Usted mismo lo notará, por ejemplo, cuando le cueste recordar si una conversación la tuvo en una lengua u otra, o cuando la lengua que utilice en una situación sea lo menos importante. De todas maneras los niveles de exigencia o de necesidad con

respecto al dominio de una lengua dependen de las funciones para las que la necesite. No es lo mismo el nivel que necesita la taquillera de un parque acuático para atender a un turista que el que necesita un agente comercial para convencer a un cliente potencial.

¿Hasta qué punto es importante conseguir buen acento?
A casi todos nos gustaría poder tener un acento como el de los hablantes nativos. Pero esto no es fácil de conseguir, especialmente si no se está inmerso en la lengua muchas horas al día. Por otro lado, un buen acento puede ser difícil de adquirir a partir de la niñez, a no ser que se tenga una habilidad especial. Pero se pueden conseguir niveles muy aceptables de corrección y de inteligibilidad, aunque el acento nos delate como extranjeros.

¿Tengo que llegar a soñar en la lengua que estoy aprendiendo?
No necesariamente. Hay mucha gente que tiene muy buen nivel de idioma y no ha soñado nunca en esa lengua. Normalmente esto sucede durante una estancia prolongada en el país en el que se habla el idioma y después de un tiempo de intenso contacto. Sería como si la puerta de acceso a la lengua, de tanto utilizarla, se hubiera quedado ya medio abierta, como sucede con nuestra primera lengua.

¿Se puede pensar en una lengua distinta a la propia?
Se puede, y es una práctica muy aconsejable. Se trata, evidentemente, de un esfuerzo consciente, de lenguaje interior controlado. Pero esto nos puede proporcionar una muy buena práctica para conservar lo que hemos aprendido y ayudar a su automatización.

¿Por qué los ingleses no me entienden cuando les pregunto por «Trafal-gar- S-qua-re»?
Posiblemente porque lo dice como lo lee y no como lo dicen ellos.

¿Se ha de ser una persona extravertida para poder aprender pronto una lengua?

Los extravertidos tienen la ventaja de que iniciarán conversaciones en la lengua extranjera con más facilidad y eso les proporcionará mucha práctica. Pero si usted no lo es, no se preocupe demasiado. Puede sacar mucho provecho de observar y analizar el lenguaje de los alumnos más desinhibidos en clase.

¿Se tienen que buscar todas las palabras que no se entienden en el diccionario?

No. Muchas se pueden adivinar, pero dependerá de la proporción de palabras nuevas que contenga el texto. De todas maneras hay que distinguir entre la lectura por placer, para extraer el significado global o como práctica de mantenimiento, de la lectura para aprender nuevo vocabulario, en la que se ha de realizar un trabajo específico con las palabras que se deben aprender.

¿Ayuda aprender canciones?

Sí, y además se pueden disfrutar.

¿Suena distinta la voz en otra lengua?

Es posible que le suene diferente al principio, especialmente si la nueva lengua tiene sonidos diferentes o su frecuencia es distinta.

¿Puedo ser yo mismo en un idioma que no es el mío?

Sí, claro. Es cierto que existe el temor, consciente o inconsciente, de que al cambiar de lengua se pierda la esencia de uno mismo. Ello puede afectar al aprendizaje de manera inconsciente si nos sentimos temerosos de algún cambio. Pero ante esta duda conviene plantearse no una resta sino una suma: no perdemos algo de nosotros sino que nos enriquecemos.

¿Aprenden lenguas con más facilidad los bilingües?
Eso parece. Al menos tienen mayor conciencia lingüística y flexibilidad que los monolingües, es decir, que cuentan con la ventaja inicial de entender que los signos son arbitrarios, que una mesa no es sólo mesa, sino también *tavola*, *table* o *bord*. Además, se ha demostrado que disponen de un mayor surtido de estrategias de aprendizaje. En resumen, aprender una tercera lengua tenderá a ser más fácil que aprender una segunda, y así sucesivamente.

¿No me haré un lío con más de dos lenguas?
Es posible que si está aprendiendo dos lenguas simultáneamente se den confusiones puntuales, sin importancia, que se superarán con suficiente práctica en los contextos respectivos.

¿Se olvida una lengua?
Puede olvidarse si no se usa durante mucho tiempo, aunque también se puede recuperar.

¿Es suficiente con escuchar la radio o ver la televisión todo el día?
No, ni aconsejable. En la interacción con otros hablantes y la negociación con ellos se producen los procesos clave para el aprendizaje.

¿Son útiles los libritos con lecturas graduadas?
Mucho. Practicará y aprenderá nuevo vocabulario. Además, en la actualidad, vienen también con una cinta para poder escuchar el texto.

Si aprendo su lengua, ¿los entenderé mejor?
Seguramente. Al aprender una lengua se aprende también una manera distinta de ver el mundo, ya que no todas las lenguas etiquetan los mismos conceptos ni los organizan en la mente de la misma manera. Al aprender otras lenguas aprendemos también nuevas maneras de pensar y de usar el lenguaje.

¿Qué es una lengua franca?

Una lengua de comunicación internacional. El latín fue una lengua franca en los primeros siglos de nuestra era; también lo ha sido el alemán en ciertos dominios científicos y filosóficos, o el francés y el español en distintos momentos. Hoy en día el inglés es la lengua franca de mayor utilización en el planeta.

¿Qué lenguas me abrirán más puertas?

Depende de qué puertas se quiera abrir. Hoy en día está clara la conveniencia, cuando no necesidad, de dominar una lengua de comunicación internacional como el inglés. Si domina el inglés, podrá viajar prácticamente a todos los rincones del mundo y encontrar a alguien con quien entenderse. Pero conocer una lengua más «exótica» como el japonés o el árabe puede aportar a su currículo un valor distintivo que lo haga diferente del de la mayoría.

5
UNA DOCENA DE BUENOS CONSEJOS Y UNA DOCENA DE ERRORES

Como resumen de todo lo planteado hasta el momento, consideremos los doce mejores consejos que podemos dar a quien quiera aprender un idioma y advirtámosle de paso sobre los doce peores errores en los que puede incurrir.

UNA DOCENA DE BUENOS CONSEJOS

Primer consejo

> Dedíquele todo el tiempo que pueda.

Examine su agenda y sea realista. Si cree que este año lo tiene muy complicado y no puede deshacerse de ninguna de sus obligaciones, no empiece todavía. Despeje lo que pueda para el año próximo, o mejor para los tres años siguientes, y le garantizo que si asiste a clase regularmente y realiza algunas actividades complementarias, conseguirá un nivel básico aceptable en el idioma.

Segundo consejo

> Pase un verano (o más) practicando en el extranjero.

Programe bien la visita, de manera que tenga muchas oportunidades de interactuar con hablantes nativos en distintas situaciones y circunstancias. No vaya a una residencia donde esté rodeado de personas de su país o de extranjeros con los que pueda entenderse en alguna otra lengua (o mezcolanza) distinta de la que ha ido a aprender.

Tercer consejo

> No tenga miedo a equivocarse y anímese a cometer nuevos errores.

Piense que cometer errores es algo consustancial al proceso de aprendizaje de una lengua. También los niños pequeños tienen que cometer errores antes de aprender la lengua a la perfección. Lo único malo de los errores es que se «fosilicen» y, para que ello no suceda, se ha de estar atento al habla de los que saben más, comparar e imitar. Por el contrario, los nuevos errores suelen ser indicio de nuevos aprendizajes.

Cuarto consejo

> No tenga miedo a parecer menos inteligente o ingenioso.

Piense que a todos les ha pasado lo mismo en algún momento, o casi. Si consigue aceptarse en esta versión poco halagadora de usted mismo, tiene la batalla ganada. Considere que es una situación temporal y que vale la pena. Si le funciona, convénzase de que está representando una obra de teatro en la que usted interpreta ese papel, pero que es usted mismo quien controla el papel y la situación.

Quinto consejo

> Entre clases extra para su hijo en una academia o una estancia en el extranjero, opte por lo segundo.

Si quiere potenciar el aprendizaje de inglés de su hijo y tiene que decidir entre pagarle clases en una academia o una estancia en el extranjero, opte por esto último. Es muy posible que al final la diferencia de precio no sea muy grande y los beneficios sí que lo serán. Ello no quiere decir que no existan buenas clases de buenos profesores en el amplio mercado existente. Sin embargo, muy a menudo las clases extraescolares reproducen aquello que no le funciona al joven en clase. Por el contrario, una estancia en el extranjero contiene suficiente cantidad de estímulos para hacerle reaccionar e implicarle activamente en el aprendizaje.

Sexto consejo

> Recuerde que la motivación no es sentirse culpable o avergonzado por no saber el idioma.

No basta con sentir culpabilidad o vergüenza para que la motivación sirva de algo si no le acompaña la decisión de dedicar esfuerzos continuos al aprendizaje del idioma. La motivación sin esfuerzo (ir a clase, hacer los deberes, practicar) y sin tenacidad (de modo continuo) sirve de bien poco. En los gimnasios también saben en qué meses del año hay más matrículas, qué porcentaje de esas personas acudirán después regularmente y qué porcentaje no.

Séptimo consejo

Embárquese en un curso intensivo de vez en cuando.

La intensidad le permitirá ganar mucho en poco tiempo y esto le motivará. También le puede ayudar cuando sienta que no avanza, que no ve progresos notables y que peligra su motivación. Ése es el momento decisivo en que se ha de tomar una decisión. Si no la toma y deja que la situación se deteriore sin hacer nada, acabará abandonando. Por el contrario, si toma la decisión de darle un impulso a su aprendizaje, acabará ganando.

Octavo consejo

Reflexione sobre su estilo personal y sus estrategias.

El conocimiento de sus características personales puede ayudarle mucho en su aprendizaje (qué canal perceptivo prefiere y qué estrategias utiliza para aprender y para comunicarse). Además, con ello potencia su propia autonomía, con la cual podrá seguir progresando sin depender del profesor ni el método que éste utilice.

Noveno consejo

Vea tanto cine o televisión en la lengua extranjera como pueda.

Aunque le parezca que no entiende mucho, el ejercicio de intentar descifrar «el código secreto» le ayudará a reconocer sonidos, palabras, y la manera en que éstas suenan cuando van acompañadas de otras. Si ya entiende bastante, siempre puede aprender una nueva manera de expresar una idea o una frase hecha que no conocía o un uso nuevo de una palabra en un contexto distinto del habitual.

Décimo consejo

> Lea tanto como sea posible.

Y lea de todo, desde libritos de lectura especialmente adaptados a su nivel de idioma, hasta el periódico o el semanario de actualidad, pasando por las instrucciones del electrodoméstico o el plato congelado. Los primeros le permitirán disfrutar de una lectura tranquila y agradable, al tiempo que le será fácil concentrarse en las pocas palabras o construcciones nuevas. Los textos «reales» le aportarán el sabor del idioma real sin las necesarias simplificaciones de las lecturas graduadas. Además, si estos textos reales aparecen con traducciones al español, como en las instrucciones para cocinar un plato, el conocimiento del significado global le ayudará a interpretar los elementos lingüísticos que no conozca sin la ayuda del diccionario.

Undécimo consejo

> Sea activo en su aprendizaje.

Haga cosas. No se conforme con ir a clase, escuchar y hacer los deberes. Son muchas las cosas que puede hacer. Por ejemplo, escriba listas de palabras en una libreta, trabaje con su significado y descubra sus usos; experimente con nuevas palabras, introdúzcalas en la conversación y vea si funcionan. Piense que todo lo que invierta le aportará beneficios.

Duodécimo consejo

> Practique tanto como pueda.

¿Le quedaban todavía esperanzas de encontrar una varita mágica en este libro?... En su lugar, ahí va este último consejo, que le aseguro que funciona.

UNA DOCENA DE ERRORES

Primer error

> Confiar en métodos mágicos.

Los métodos mágicos no existen. Desconfíe de cualquier método en el que usted no tenga que perseverar en el esfuerzo. Pero naturalmente puede encontrar propuestas más interesantes, amenas y motivadoras que otras.

Segundo error

> Traducir constantemente «a» y «de» su lengua materna.

La segunda lengua es un código nuevo y diferente, cuyas normas ha de utilizar para comunicarse con propiedad. Pero no es sólo esto. También es una manera de percibir y expresar la realidad y, por ello, debe dejarse llevar por la lengua, por las maneras en que los elementos se combinan en ella para expresar una idea. Muy pocas veces las distintas lenguas disponen de combinaciones totalmente equivalentes.

Tercer error

> ## Creer que ya se le ha pasado la edad.

Sobre la edad ya hemos hablado bastante en este libro. Hemos visto que los niños pequeños pueden aventajar a los mayores y a los adultos en una situación de aprendizaje natural, de inmersión en la lengua, pero que pueden ser más lentos y menos eficaces en el aprendizaje escolar de una lengua extranjera. También que pueden conseguir una pronunciación tan buena en esas circunstancias que pueden llegar a confundirse con hablantes nativos con más facilidad que los aprendices adultos. Pero como decía un experto, la de espía es la única profesión en la que confundirse con los nativos es vital.

Cuarto error

> ## No tolerar el sentimiento de que no se entiende absolutamente nada.

Se ha de ser tolerante con la ambigüedad, esperar a que ésta se resuelva poco a poco a lo largo de la conversación, de la página o de la película. Ya que, como en una película de intriga, al final siempre se sabe quién es el asesino.

Quinto error

> ## Matricular a sus hijos en clases de idiomas sin continuidad asegurada y bien planificada.

Pongamos el caso de que sus hijos asisten a una guardería en la que a éstos se les ofrecen dos sesiones cortas semanales de idioma. Posiblemente aprendan nombres de colores y de animales.

Más tarde, en la enseñanza primaria quizás estén un par de años o más sin clases de idioma. Cuando estas clases comiencen es posible que recuerden los nombres de colores y de animales. Y si tienen mucha mala suerte pueden topar con un profesor al inicio de la etapa de educación secundaria que considere que, como no saben nada, tienen que volver a empezar por el principio. ¿Puede imaginar qué concepción se formarán de lo que significa aprender un idioma? ¿Hay algo gratificante en ello?

Sexto error

Creer que con matricularse en un curso ya es suficiente.

Ya hemos insistido en este punto. El peor favor que puede hacerse a sí mismo si quiere aprender un idioma es asistir a clase sólo de vez en cuando y no encontrar tiempo para hacer los deberes. Tampoco estará más en forma por pagar la cuota mensual del gimnasio.

Séptimo error

Sostener prejuicios en contra de los hablantes nativos del idioma.

Si los tiene, examínelos e intente librarse de ellos. En caso contrario, y aunque usted no sea consciente de ello, es posible que estos sentimientos negativos actúen de lastre para su aprendizaje.

Octavo error

Pensar que no sirve para los idiomas.

Ésta no es una excusa aceptable. Todo el mundo puede aprender un idioma. Unos de forma más rápida y con más facilidad que otros, pero toda persona que ha aprendido una primera lengua puede aprender una segunda.

Noveno error

> Considerar de entrada a un nativo mejor profesor que a un no nativo.

Ser un buen profesor es algo más difícil y complejo que ser nativo. Un profesor nativo tendrá un mayor dominio instrumental de la lengua y, sobre todo, de la pronunciación, pero no por ello enseñará mejor. Un profesor no nativo que comparta la lengua materna de los alumnos podrá entender mejor muchas de las dificultades que éstos tienen y ayudarles de manera más eficaz.

Décimo error

> Creer que aprender un idioma es aburrido.

Todo lo contrario. Aprender un idioma puede ser fuente de diversión y placer. Notar que se progresa en su dominio puede proporcionar mucha satisfacción y conseguir comunicarse en la nueva lengua puede ser una victoria.

Duodécimo error

> Creer que no necesita aprender un idioma extranjero.

Éste es el error en el que no debe caer bajo ningún concepto. El conocimiento de idiomas extranjeros, especialmente de un idioma de uso internacional como el inglés, no es un lujo sino una necesidad en la sociedad globalizada en que vivimos. Las empresas necesitan cada vez más a personas no sólo con conocimientos en una determinada materia, sino con habilidades de trabajo individual y en grupo, y con conocimiento de uno o más idiomas. Nuestro pueblo y ciudad se nos hacen cada vez más pequeños y queremos viajar a otros lugares y visitar otras gentes. Si conocemos la lengua podremos ir de visita. Si no, tendremos que conformarnos con ir de turistas.

GLOSARIO

Aprendizaje natural: Aprendizaje que tiene lugar a través de la interacción con las otras personas en situaciones reales (*contexto natural*). Es el tipo de aprendizaje que se da cuando aprendemos nuestra lengua materna.

Aprendizaje formal: Aprendizaje que tiene lugar a través del estudio y, normalmente, con la ayuda del profesor. Es el tipo de aprendizaje que se da cuando aprendemos una lengua extranjera en la escuela (*contexto formal*).

Aptitud: Capacidad natural para aprender lenguas. Una persona con una aptitud mayor para los idiomas podrá aprender más rápidamente y con mayor facilidad que una persona con una aptitud menor, siempre que la motivación, el interés, la inteligencia y todos los otros factores que influyen en el aprendizaje no varíen.

Automático (procesamiento lingüístico): Se produce cuando el aprendiz ejecuta una tarea lingüística, es decir, utiliza la lengua (por ejemplo, habla y entiende), sin conciencia ni necesidad de control o atención. Éste es el procesamiento típico en la lengua materna y a él aspiramos cuando aprendemos una segunda lengua.

Cognitivo: Se refiere a los distintos procesos mentales utilizados en la actividad del pensamiento. Por ejemplo, una persona aplica *estrategias cognitivas* en el aprendizaje de un idioma con el objetivo de mejorar el aprendizaje y la memorización y mostrará un *estilo cognitivo* propio que le llevará a optar por determinadas soluciones ante cierto problema de aprendizaje o a afrontar el aprendizaje de una manera característica.

Curso presencial/curso no presencial: En primero de ellos, el tipo de curso tradicional, encontramos la presencia conjunta de la figura del profesor y los alumnos en un mismo espacio, el aula. En el segundo, el profesor y los alumnos no se reúnen en el mismo espacio ni tampoco al mismo tiempo, sino que lo hacen a través de la línea electrónica de sus ordenadores. Los cursos no presenciales se conocen también como cursos virtuales.

Errores de interferencia: Son los errores que se dan en el aprendizaje de un idioma provocados por la influencia de la lengua materna, o de cualquier otra lengua que la persona haya aprendido con anterioridad.

Estilo personal: Es la forma particular en que cada persona intenta aprender una segunda lengua. Los distintos estilos personales se derivan de las maneras en que cada uno percibe (estilo perceptivo) y razona (estilo cognitivo), así como de su personalidad.

Estrategia: Procedimientos o pasos que se dan para aprender y usar una lengua. Se distinguen las estrategias de aprendizaje propiamente y las de comunicación.

Exposición: Se está expuesto a una lengua cuando se está en contacto con ella, como cuando se está expuesto al sol o al viento. El contacto con la lengua se puede contabilizar por el número de horas que se invierten en asistir a clase, la cantidad de tiempo que se dedica a ver películas o a leer libros en ese idioma.

Fluidez: La fluidez en una lengua describe un conjunto de rasgos como la rapidez, el ritmo o las pausas que se hacen al hablar. Una persona que habla con fluidez en una segunda lengua se comunica sin problemas aunque cometa errores gramaticales.

Fosilización: Proceso por el que ciertos errores se convierten en una parte permanente del habla de una persona. Puede considerarse el cese del aprendizaje.

Habilidad analítica: Capacidad que consiste en descomponer el todo en las partes. En el aprendizaje de un idioma, las habilidades analíticas permiten, por ejemplo, reconocer las distintas palabras que componen una expresión determinada. El contrapunto del análisis es la *síntesis*, por la que se reúnen elementos anteriormente dispersos en un conjunto. Por ejemplo, en el aprendizaje de un idioma las habilidades de síntesis permiten resumir un texto o reconocer en él las ideas principales.

Habilidades comunicativas: Capacidad de intercambiar ideas entre dos o más personas. Adquirir habilidades comunicativas en un idioma suele ser el objetivo principal del aprendizaje y se le suele contraponer al conocimiento de las normas gramaticales.

Inmersión: Se da inmersión en una lengua cuando se está en contacto total con la misma todos los días. Existen situaciones de inmersión natural, como por ejemplo las estancias en el extranjero, y situaciones de inmersión escolar, en las escuelas en que se utiliza la segunda lengua para enseñar todas las asignaturas (inmersión total) o algunas (inmersión parcial), así como para las interacciones sociales entre profesores y alumnos.

Lecturas graduadas o adaptadas: Se trata de libritos para los aprendices de un idioma en los que, en general, se resume y simplifica una novela o un libro ya existente utilizando un vocabulario básico y unas estructuras gramaticales sencillas. La simplificación puede tener diversos grados, acomodándose a los diferentes niveles, desde el más principiante hasta el más avanzado.

Lengua materna: La lengua materna es la primera lengua que aprende una persona en la infancia. Al aprender una segunda lengua no se parte de cero sino de la lengua que se conoce, por lo que el aprendizaje de una segunda lengua descansa sobre la primera.

Metacognitivo: Se refiere a la reflexión y el control sobre los procesos mentales empleados en el aprendizaje (los procesos cognitivos). Por ejemplo las estrategias metacognitivas conducen a planificar y evaluar el aprendizaje.

Motivación: El deseo de aprender una lengua. La motivación puede afectar al aprendizaje de manera positiva.

Período crítico: Según esta hipótesis, existe un período en la vida de las personas antes del cual y, sobre todo, después del cual la adquisición del lenguaje es imposible o incompleta. Según algunos expertos, el aprendizaje de segundas lenguas también se vería afectado por esta limitación madurativa, pero todavía no existe acuerdo al respecto. En biología existen ejemplos de períodos críticos como el que tienen los gatos para desarrollar la visión: si tienen los ojos vendados durante este tiempo, no aprenderán a distinguir las formas del fondo.

Procesamiento: Término que se refiere a los distintos procesos mentales por los que, entre otros, se comprenden los significados de todas las palabras que se escuchan o se leen, se guarda información en la memoria o se seleccionan los elementos lingüísticos necesarios para expresar un determinado pensamiento.

Segunda lengua/lengua extranjera: Se diferencia entre estos dos términos para resaltar que, en el primer caso, se trata de una lengua hablada en la comunidad en que se vive, aunque no sea la lengua materna del aprendiz, mientras que, en el segundo caso, la lengua no tiene presencia en la comunidad en la que vive el aprendiz. Por ejemplo, el inglés es una segunda lengua para un inmigrante mexicano en Estados Unidos, mientras que es una lengua extranjera para un estudiante en España.

REFERENCIAS INTERESANTES

Algunas direcciones de Internet interesantes para los aprendices de idiomas son:

a) *Diccionarios* on-line
El sitio para buscar y encontrar es:

http://www.yourdictionary.com

Aquí encontrará innumerables diccionarios *on-line* en muy diversas lenguas y también gramáticas y ejercicios para practicar. Es un punto de inicio muy conveniente.

b) *Recursos de idiomas* on-line
Existen ya una gran variedad de sitios donde encontrar todo tipo de ayudas para aprender un idioma, especialmente si éste es el inglés. Muy a menudo se ofrecen también cursos o servicios para los que se precisa una subscripción, por lo que nos

abstenemos de alguna recomendación que pueda implicar publicidad (¡gratuita!). Sin embargo, aquí van unas direcciones para curiosear, puesto que además de los cursos de inglés ofrecen servicio de *chats* de voz y de texto, foros de debate, puntos de encuentro de compañeros por correspondencia, concursos, juegos educativos, laboratorio de pronunciación, lecciones diarias por correo electrónico, noticias de actualidad y muchas cosas más.

> http://www.bbc.co.uk/worldservice/learningenglish
> http://www.englishtown.com
> http://www.eslcafe.com

En la siguiente dirección se pueden encontrar enlaces con otra veintena de sitios:

> http://comenius.com

En ésta, diccionarios, enciclopedias y traducciones:

> http://refdesk.com

Y finalmente la siguiente se especializa en el servicio de unir *keypals* (literalmente «amigos por teclado»), es decir, personas de cualquier parte del mundo con las que mantener correspondencia electrónica en lengua inglesa:

> http://www.ling.lancs.ac.uk/staff/visitors/kenji/keypal.htm